AF476354

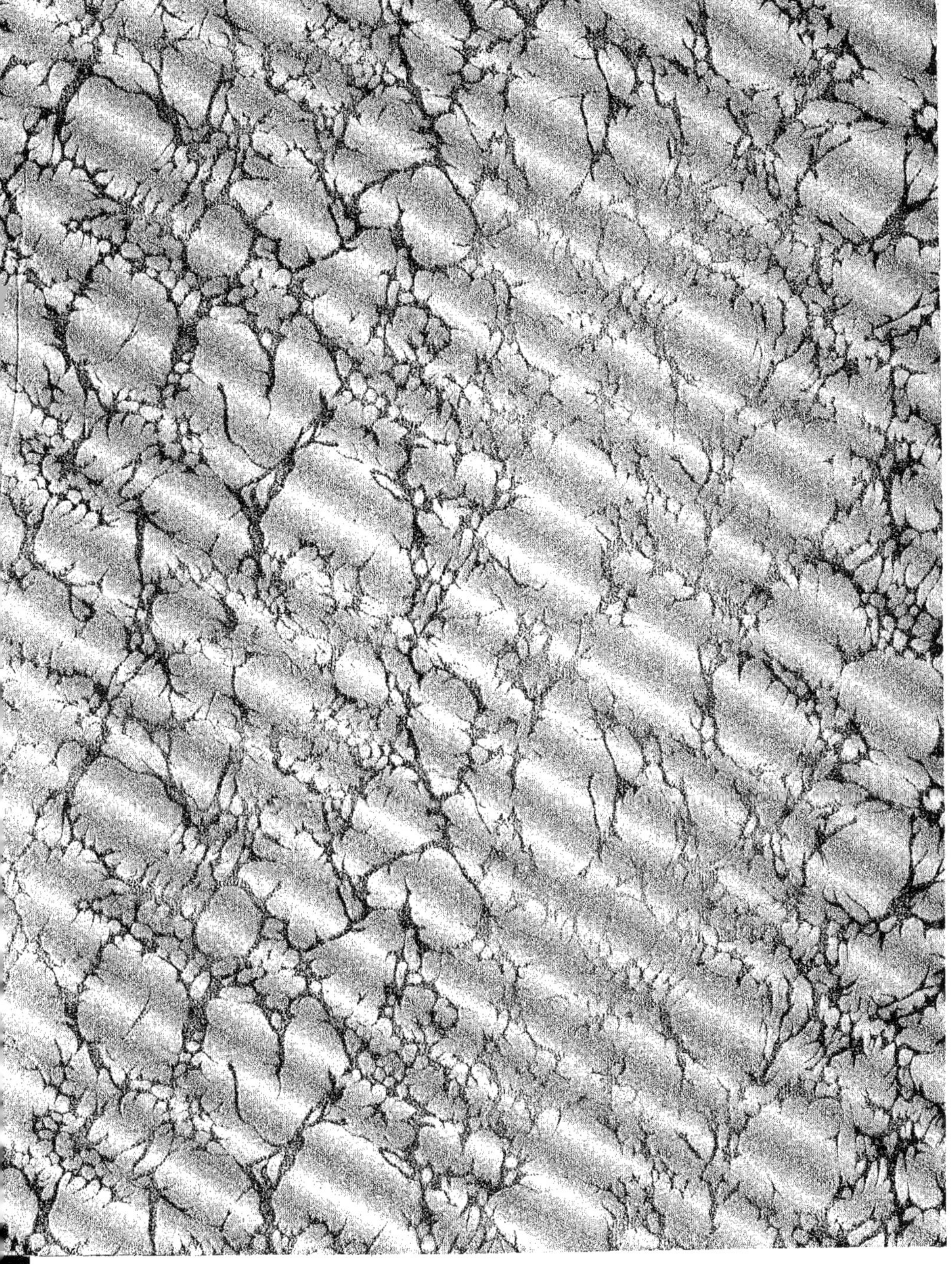

OUVRAGE PUBLIÉ SOUS LES AUSPICES
DU MINISTÈRE DE L'INSTRUCTION PUBLIQUE
SOUS LA DIRECTION DE L. JOUBIN
PROFESSEUR AU MUSÉUM D'HISTOIRE NATURELLE

DEUXIÈME EXPÉDITION ANTARCTIQUE FRANÇAISE

(1908-1910)

COMMANDÉE PAR LE

Dr JEAN CHARCOT

SCIENCES NATURELLES : DOCUMENTS SCIENTIFIQUES

POLYCLADES ET TRICLADES MARICOLES

Par P. HALLEZ
Professeur à l'Université de Lille

PTÉROBRANCHES

Par CH. GRAVIER
Assistant au Muséum d'Histoire naturelle

CHÉTOGNATHES

Par L. GERMAIN
Préparateur au Muséum d'Histoire naturelle

ROTIFÈRES

Par P. DE BEAUCHAMP
Préparateur à la Faculté des Sciences de Paris

MASSON ET Cie, ÉDITEURS
120, Bd SAINT GERMAIN, PARIS (VIe)
1913

Commission chargée par l'Académie des Sciences

d'élaborer le programme scientifique de l'Expédition

MM. les Membres de l'Institut :

Bouquet de la Grye	Guyou	de Lapparent	Müntz
Bornet	Gautier	Mangin	Ed. Perrier
Bouvier	Lacroix	Mascart	Roux
Giard			

Commission nommée par le Ministère de l'Instruction publique

pour examiner les résultats scientifiques de l'Expédition

MM. Ed. Perrier .... Membre de l'Institut, Directeur du Muséum d'Histoire naturelle, *Président*.

Vice-Amiral Fournier. Membre du Bureau des Longitudes, *Vice-Président*.

Angot .... Directeur du Bureau central météorologique.

Bayet .... Correspondant de l'Institut, Directeur de l'Enseignement supérieur.

Bigourdan .... Membre de l'Institut, Astronome à l'Observatoire de Paris.

Colonel Bourgeois. Directeur du Service géographique de l'Armée.

Bouvier .... Membre de l'Institut, Professeur au Muséum d'Histoire naturelle.

Gravier .... Assistant au Muséum d'Histoire naturelle.

Commandant Guyou. Membre de l'Institut, Membre du Bureau des Longitudes.

Hanusse .... Directeur du Service hydrographique au Ministère de la Marine.

Joubin .... Professeur au Muséum d'Histoire naturelle et à l'Institut Océanographique.

Lacroix .... Membre de l'Institut, Professeur au Muséum d'Histoire naturelle.

Lallemand .... Membre de l'Institut, Membre du Bureau des Longitudes, Inspecteur général des Mines.

Lippmann .... Membre de l'Institut, Professeur à la Faculté des Sciences de l'Université de Paris.

Müntz .... Membre de l'Institut, Professeur à l'Institut agronomique.

Rabot .... Membre de la Commission des Voyages et Missions scientifiques et littéraires.

Roux .... Membre de l'Institut, Directeur de l'Institut Pasteur.

Vélain .... Professeur à la Faculté des Sciences de l'Université de Paris.

DEUXIÈME EXPÉDITION ANTARCTIQUE FRANÇAISE

(1908-1910)

COMMANDÉE PAR LE

Dr JEAN CHARCOT

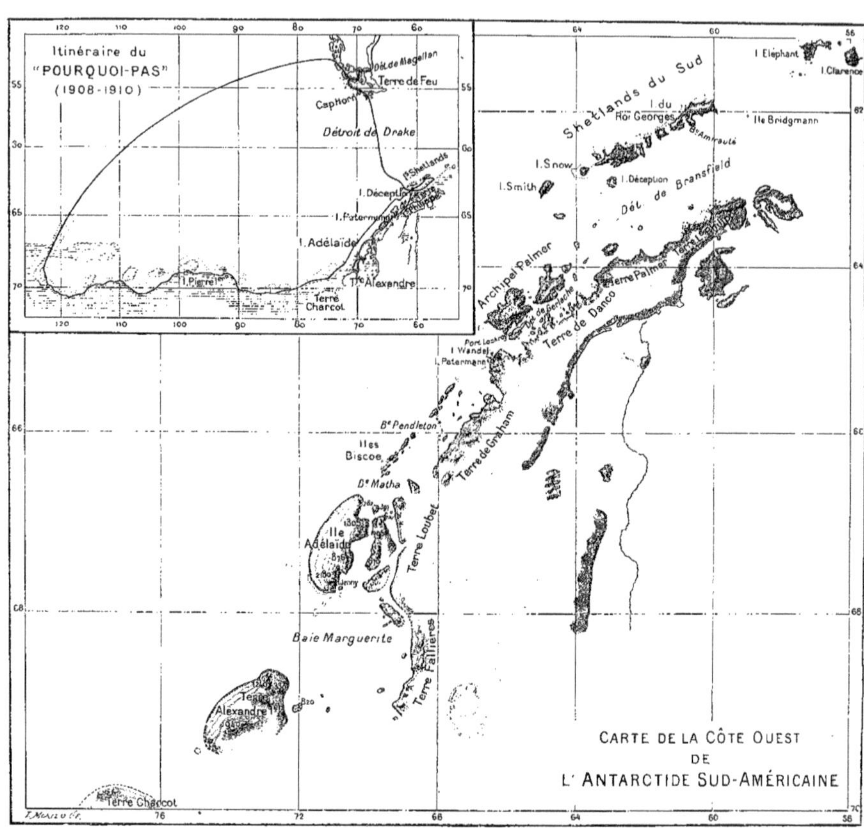

CARTE DES RÉGIONS PARCOURUES ET RELEVÉES PAR L'EXPÉDITION

MEMBRES DE L'ÉTAT-MAJOR DU "POURQUOI-PAS?"

J.-B. CHARCOT

M. BONGRAIN . . . . Hydrographie, Sismographie, Gravitation terrestre, Observations astronomiques.
L. GAIN . . . . Zoologie *(Spongiaires, Échinodermes, Arthropodes, Oiseaux et leurs parasites)*, Plankton, Botanique.
R.-E. GODFROY . . . . Marées, Topographie côtière, Chimie de l'air.
E. GOURDON . . . . Géologie, Glaciologie.
J. LIOUVILLE . . . . Médecine, Zoologie *(Pinnipèdes Cétacés, Poissons, Mollusques, Cœlentérés Vermidiens, Vers Protozoaires, Anatomie comparée, Parasitologie)*.
J. ROUCH . . . . Météorologie, Océanographie physique, Électricité atmosphérique.
A. SENOUQUE . . . . Magnétisme terrestre, Actinométrie, Photographie scientifique.

OUVRAGE PUBLIÉ SOUS LES AUSPICES DU MINISTÈRE DE L'INSTRUCTION PUBLIQUE

SOUS LA DIRECTION DE L. JOUBIN, Professeur au Muséum d'Histoire Naturelle.

DEUXIÈME EXPÉDITION ANTARCTIQUE FRANÇAISE

(1908-1910)

COMMANDÉE PAR LE

Dr JEAN CHARCOT

SCIENCES NATURELLES : DOCUMENTS SCIENTIFIQUES

POLYCLADES ET TRICLADES MARICOLES

PAR P. HALLEZ
Professeur à l'Université de Lille.

PTÉROBRANCHES

PAR CH. GRAVIER
Assistant au Muséum d'Histoire naturelle.

CHÉTOGNATHES

PAR L. GERMAIN
Préparateur au Muséum d'Histoire naturelle.

ROTIFÈRES

PAR P. DE BEAUCHAMP
Préparateur à la Faculté des Sciences de Paris.

MASSON ET Cie, ÉDITEURS
120, Bd SAINT-GERMAIN, PARIS (VIe)

1913

LISTE DES COLLABORATEURS

MM. TROUESSART	*Mammifères.*
ANTHONY et GAIN	*Documents embryogéniques.*
LIOUVILLE	*Phoques, Cétacés* (Anatomie, Biologie).
GAIN	*Oiseaux.*
* ROULE	*Poissons.*
SLUITER	*Tuniciers.*
JOUBIN	*Céphalopodes, Brachiopodes, Némertiens.*
* LAMY	*Gastropodes, Scaphopodes et Pélécypodes.*
* J. THIELE	*Amphineures.*
VAYSSIÈRE	*Nudibranches.*
* KEILIN	*Diptères.*
* IVANOF	*Collemboles.*
TROUESSART et BERLESE	*Acariens.*
* NEUMANN	*Mallophages, Ixodides.*
* BOUVIER	*Pycnogonides.*
COUTIÈRE	*Crustacés Schizopodes et Décapodes.*
* Mlle RICHARDSON	*Isopodes.*
MM. CALMAN	*Cumacés.*
* DE DADAY	*Ostracodes, Phyllopodes, Infusoires.*
* CHEVREUX	*Amphipodes.*
CÉPÈDE	*Copépodes.*
* QUIDOR	*Copépodes parasites.*
CALVET	*Bryozoaires.*
* GRAVIER	*Polychètes, Crustacés parasites et Ptérobranches.*
HÉRUBEL	*Géphyriens.*
* GERMAIN	*Chétognathes.*
* DE BEAUCHAMP	*Rotifères.*
RAILLIET et HENRY	*Helminthes parasites.*
* HALLEZ	*Polyclades et Triclades maricoles.*
* KŒHLER	*Stellérides, Ophiures et Échinides.*
VANEY	*Holothuries.*
PAX	*Actiniaires.*
BILLARD	*Hydroïdes.*
TOPSENT	*Spongiaires.*
* PÉNARD	*Rhizopodes.*
FAURÉ-FRÉMIET	*Foraminifères.*
CARDOT	*Mousses.*
* Mme LEMOINE	*Algues calcaires (Mélobésiées).*
* MM. GAIN	*Algues.*
MANGIN	*Phytoplancton.*
PERAGALLO	*Diatomées.*
HUE	*Lichens.*
METCHNIKOFF	*Bactériologie.*
GOURDON	*Géographie physique, Glaciologie, Pétrographie.*
BONGRAIN	*Hydrographie, Cartes, Chronométrie.*
* GODFROY	*Marées.*
* MÜNTZ	*Eaux météoriques, sol et atmosphère.*
* ROUCH	*Météorologie, Électricité atmosphérique, Océanographie physique.*
SENOUQUE	*Magnétisme terrestre. Actinométrie.*
J.-B. CHARCOT	*Journal de l'Expédition.*

Les travaux marqués d'une astérisque sont déjà publiés.

VERS

POLYCLADES ET TRICLADES MARICOLES

Par Paul HALLEZ

PROFESSEUR A L'UNIVERSITÉ DE LILLE

POLYCLADES

Les Polyclades recueillis pendant la première expédition française commandée par le Dr Jean Charcot, et dont l'étude m'a été confiée, comprennent les espèces suivantes :

Stylochoïdes albus Hallez 1907.
Eurylepta cornuta Müller var. *Wandeli* Hallez 1907.
Stylostomum punctatum Hallez 1907.
Stylostomum antarcticum Hallez 1907.
Aceros maculatus Hallez 1907.

Toutes ces espèces appartiennent à la famille des Euryleptides.

On verra plus loin qu'il est nécessaire de changer de nom l'*Aceros maculatus*, que je désigne sous celui de *Leptoteredra maculata*.

Les espèces provenant de la deuxième expédition française sont :

Stylochoides albus, dont j'ai eu quatorze exemplaires adultes qui m'ont permis d'étudier l'organisation avec plus de profit que je n'avais pu le faire avec l'unique exemplaire non adulte de la première expédition, et *Enterogonimus aureus* Hallez.

Stylochoïdes albus Hallez (1907).

Fiches. — No 321. « Ile Petermann. N.-E. plage des Cairns, sous de gros galets, par 50 centimètres de fond. *Coloration : rouge-brique.* 16 octobre 1909 (2 exemplaires). »

No 333. « Ile Petermann. 30 octobre 1909. Sous les roches du Nord. Marée basse. *Coloration : rose de corail, avec ramifications des organes internes rouge-magenta et le bord de la surface dorsale frangé de blanc* (sublimé, alcool) (7 exemplaires). »

N° 378. « Ile Petermann. N.-E. Marées des 17-18 novembre 1909. Sous les grandes pierres plates (3 exemplaires). »

N° 702. « Baie de l'Amirauté. Ile du Roi-Georges. Basse mer du 26 décembre 1909. *Coloration : rouge-lie de vin* (2 exemplaires). »

Extérieur (Pl. I, fig. 9 à 12). — De sa première expédition dans les mers antarctiques, à bord du « Français », le Dr Charcot n'avait rapporté qu'un seul exemplaire de cette espèce que j'ai décrite (1907). Cet individu unique, trouvé dans la baie Carthage, à une profondeur de 40 mètres, n'était pas adulte. L'organe copulateur femelle n'était représenté que par un amas de noyaux embryonnaires, et l'organe copulateur mâle n'était qu'ébauché, l'antrum ne s'étant pas encore mis en relation avec l'extérieur. Le corps était légèrement ovale, blanc, opaque; sa longueur était de 4 millimètres, sa largeur de 2,5 ; la ventouse, puissante, occupait le milieu du corps.

Les quatorze exemplaires rapportés par l'expédition du « Pourquoi Pas ? » me permettent de faire connaître l'organisation de cette espèce intéressante.

Ils proviennent de l'île Petermann et de la baie de l'Amirauté (île du Roi-Georges). Leur longueur varie de 5 à 10 millimètres, leur largeur de 4 à 7 millimètres. Ils sont donc tous de plus grande taille que l'individu de la baie Carthage.

En décrivant ce dernier, j'ai fait remarquer que la ventouse qui, dans cet individu jeune, se trouve à peu près au milieu du corps, doit, chez les exemplaires adultes, être reportée plus en arrière, par suite du développement des organes copulateurs. En effet, chez les plus grands individus, la ventouse est reportée en arrière du milieu du corps. Les tentacules nucaux, plus ou moins contractés, se présentent sous la forme de cônes ou de tubercules hauts de $0^{mm},320$, larges de $0^{mm},200$; ils sont séparés l'un de l'autre par un espace de $0^{mm},900$, et sont à une distance du bord frontal égale à $0^{mm},445$.

Sur la face ventrale de quelques individus, un peu en arrière du niveau des tentacules, s'observe le pénis dévaginé sous la forme d'un cône (Pl. I, fig. 10 et 12).

Les yeux, qui étaient visibles sur l'exemplaire de la baie Carthage, sont ici absolument invisibles. Cela tient soit au mode de fixation, soit à une meilleure conservation de l'épiderme, car, sur un exemplaire où une partie de l'épiderme dorsal est enlevée, quelques yeux cervicaux sont apparents.

D'ailleurs l'aspect général, le corps généralement courbé en arc ventralement, les tentacules et la grande ventouse saillante m'ont permis d'assimiler, au premier coup d'œil, les individus de l'île Petermann et de l'île du Roi-Georges à l'espèce de la baie Carthage.

Des renseignements fournis par les fiches accompagnant les échantillons, on pourrait conclure que le qualificatif *albus*, que j'ai donné à cette espèce, ne répond pas à la coloration de l'animal vivant. Cependant cette espèce est dépourvue de pigment. Sa coloration rouge-brique, rouge-magenta, rouge-lie de vin ou rose de corail est due aux aliments qui se trouvent dans l'appareil digestif. Ceci est corroboré par le fait que les exemplaires du n° 378 ne sont pas signalés comme étant colorés, et par cette autre indication que les ramifications intestinales des exemplaires du n° 333 sont d'un rouge-magenta, tandis qu'une frange blanche existe sur les bords du corps. Tous les exemplaires conservés sont uniformément blancs (Pl. I, fig. 9 et 10), à l'exception des deux individus du tube n° 321 qui sont d'un brun rouge très foncé, aussi bien sur la face ventrale que sur la face dorsale, comme s'ils avaient été teints (Pl. I, fig. 11 et 12). Cette coloration est due soit à la matière colorante du contenu intestinal, soit au liquide conservateur ; en tout cas l'alcool dans lequel se trouvaient ces deux individus était d'un rouge-lie de vin.

L'examen de l'extérieur des exemplaires décèle, sur la face dorsale, deux rangées longitudinales de saillies, situées à peu près à égale distance de la ligne médiane et des bords du corps ; ces saillies correspondent aux ovaires.

Téguments. — Mes exemplaires ont, en général, l'épiderme mal conservé ; quelques-uns même sont en grande partie pelés, comme s'ils avaient été manipulés sans précaution. Cependant certaines coupes permettent une observation suffisante de l'épithélium cilié. Les cellules ont une hauteur qui varie suivant les régions du corps. Leur hauteur est de 0mm,060 dans les régions antérieure et postérieure de la face dorsale, mais, vers le milieu du corps, les cellules dorsales ne mesurent plus que 0mm,048 comme celles qui recouvrent les tentacules. Sur la face ventrale, la hauteur des cellules est de 0mm,040, et sur la ventouse 0mm,032. Les noyaux, situés en général à la base des cellules, ont un diamètre de 0mm,008. Les cils vibratiles sont trop mal fixés pour permettre une mesure même approximative.

Des cellules à nombreux rhabdites, occupant environ les deux tiers de la hauteur de l'épiderme, sont fréquentes. Les rhabdites mesurent 0mm,040 (Pl. II, fig. 20).

Sous la membrane basale très épaisse, se trouvent des fibres musculaires longitudinales, disposées en un ou deux rangs, mais plus fortes sur la face ventrale que sur la face dorsale ; ces fibres longitudinales sont entourées par une mince couche de fibres circulaires. Un peu au delà, dans le mésenchyme, s'observent des fibres circulaires et des fibres longitudinales, constituant un étui musculaire plus important que l'étui musculaire externe.

Des muscles dorso-ventraux, nombreux et souvent réunis en paquets, s'observent entre les divers organes. Parmi ces muscles, il en est qui méritent une mention spéciale : tels sont les muscles fléchisseurs de la tête, qui, partant de l'extrémité antérieure du corps dans une direction très oblique, viennent se terminer à la ventouse, les muscles rétracteurs des tentacules, les muscles d'attache de la base du pharynx sur la ventouse, les puissants paquets qui, latéralement, aboutissent à la ventouse.

En outre des cellules glandulaires cutanées, on observe, dans le mésenchyme (Pl. II, fig. 21), deux sortes d'éléments cellulaires. Ce sont d'abord des cellules éosinophiles pourvues de nombreux prolongements qui se colorent comme le corps de la cellule et comme les fibres conjonctives. Ces cellules sont particulièrement abondantes sur les parties latérales du corps. Elles mesurent 0mm,028 à 0mm,036. Viennent ensuite des cellules cyanophiles, plus rares sur les parties latérales que partout ailleurs. Celles-ci ont beaucoup moins de prolongements, certaines même n'en ont pas. Elles sont un peu plus granuleuses que les cellules éosinophiles et ne mesurent que $0^{mm},016$ à $0^{mm},028$. Leur noyau laisse voir la chromatine sous forme de rubans, tandis que le noyau des cellules éosinophiles se colore généralement en masse et fortement. Des cellules, dont le cytoplasme se colore en violet par l'hémalun-éosine, paraissent être intermédiaires entre ces deux éléments cellulaires. On observe aussi, dans le mésenchyme, des noyaux libres d'un diamètre de $0^{mm},008$ à $0^{mm},010$.

Système nerveux. — *Cerveau.* — Le cerveau, situé en arrière des tentacules, à une distance du bord frontal égale à peu près au sixième de la longueur totale de l'animal, est allongé transversalement (Pl. II, fig. 19). Son axe antéro-postérieur mesure $0^{mm},228$, son axe transversal $0^{mm},554$; son diamètre dorso-ventral est de $0^{mm},200$. La largeur du cerveau est donc sensiblement égale au double de sa longueur. Dans toutes les coupes longitudinales, sa section est circulaire (Pl. II, fig. 18).

Nerfs cérébraux. — Les nerfs, qui prennent naissance directement sur le cerveau, sont au nombre de neuf paires, dont trois ventrales, deux latéro-ventrales, deux latérales, une dorsale et une postérieure. Cette dernière constitue les cordons longitudinaux ventraux. Les nerfs sortent du cerveau dans l'ordre suivant, d'avant en arrière (Pl. II, fig. 22) :

1° *Première paire ventrale* (nv^1). — Ses racines se trouvent sur le bord antérieur ventral du cerveau. Ces nerfs se dirigent ventralement en contournant l'organe copulateur mâle, auquel ils envoient des filets, et se ramifient sur la partie antérieure ventrale et médiane du corps, en formant un réseau nerveux situé contre la couche musculaire cutanée.

2° *Première paire latéro-ventrale* (nlv^1). — Ces nerfs sortent du cerveau à une très faible distance en arrière de nv^1. Leur point d'émergence est situé encore sur le bord ventral du cerveau, mais plus latéralement, dans une position intermédiaire entre les nerfs ventraux et les nerfs latéraux. Chaque nerf nlv^1 se dirige ventralement ; il s'anastomose bientôt, après sa sortie du cerveau, avec nv^1 correspondant et, à mesure qu'il se ramifie, les anastomoses se multiplient. Il contribue donc, avec nv^1, à former le réseau nerveux antérieur ventral. A cause de leur anastomose proximale, *nv*[1] et *nlv*[1] pourraient être considérés comme ne formant qu'un même nerf à deux racines distinctes.

3° *Deuxième paire ventrale* (*nv*[2]). — Le point où ces nerfs émergent du cerveau se trouve très peu en arrière de l'origine de *nlv*[1], mais sur la même ligne longitudinale que *nv*[1]. Au lieu de se diriger en avant comme les précédents nerfs, ils prennent une direction postérieure, se ramifient, s'anastomosent avec *nlv*[2], comme *nv*[1] s'anastomose avec *nlv*[1], et forme un réseau nerveux au-dessus de la couche musculaire des téguments ventraux.

4° *Deuxième paire latéro-ventrale* (*nlv*[2]). — A leur sortie du cerveau, ils sont situés sur la même ligne longitudinale que *nlv*[1] et sur le même plan transversal que *nv*[2] et *nl*[1]. Ils s'anastomosent, dès leur sortie du cerveau, avec *nv*[2]. Ils sont à ceux-ci ce que *nlv*[1] sont à *nv*[1], et ici encore *nv*[2] et *nlv*[2] peuvent être considérés comme deux racines distinctes d'un seul et même nerf.

5° *Première paire latérale* (*nl*[1]). — C'est sur le bord latéral du cerveau que se trouve l'origine de ce nerf. Il se dirige en avant, au milieu du mésenchyme, de chaque côté de l'intestin principal, et se ramifie entre les branches intestinales.

6° *Paire dorsale* (*nd*). — Ils prennent naissance sur la face dorsale du cerveau, à peu près à égale distance de son bord antérieur et de son bord postérieur. Ils s'élèvent vers la face dorsale, passent de chaque côté de l'intestin principal, envoient un filet vers l'arrière, tandis que leur partie principale se dirige en avant, se ramifie abondamment et, par anastomoses des ramifications, forme un réseau dorsal très délicat dans la région des yeux cervicaux et tentaculaires. Le nerf qui pénètre dans le tentacule, par son bord interne (Pl. II, fig. 17), est probablement une dépendance du réseau dorsal.

7° *Deuxième paire latérale* (*nl*[2]). — Ils naissent sur la même ligne longitudinale que *nl*[1] et sur la même ligne transversale que *nd*. Ils se dirigent transversalement, puis en arrière, dans le mésenchyme, passent sous les branches intestinales et envoient des ramifications entre celles-ci et les testicules. Ils sont par conséqnent, pour la partie du corps située en arrière du cerveau, ce que *nl*[1] sont pour la région antérieure.

8° *Troisième paire ventrale* (nv^3). — Ces nerfs sortent du cerveau un peu en arrière des nerfs précédents, mais par la face ventrale. Ils se dirigent en arrière et se ramifient sur la face ventrale latérale du corps.

En résumé, les nerfs cérébraux forment, dans la région antérieure du corps, trois réseaux superposés et qui, peut-être, s'anastomosent entre eux : un réseau ventral, situé contre la couche musculaire cutanée, est issu de nv^1 et nlv^1 ; un réseau moyen, dont les mailles s'étendent dans le mésenchyme, est issu de nl^1 ; un réseau dorsal issu de *nd*, qui, à cause de ses rapports avec les organes sensoriels, nous apparaît comme un réseau nerveux de sensibilité spéciale. En arrière du cerveau, le réseau nerveux ventral est produit par nv^2 et nlv^2 pour la région médiane et par nv^3 pour les parties latérales du corps ; le réseau moyen ou mésenchymateux est formé par nl^2. Quant au réseau sensoriel dorsal, il n'existe pas. Les quelques nerfs qu'on observe sur la face dorsale de la partie postérieure du corps semblent être des ramifications des nerfs latéraux des cordons nerveux postérieurs.

9° *Cordons nerveux postérieurs* (*np*). — Ils naissent des parties, droite et gauche, postérieures latérales du cerveau. Leur diamètre en ce point est de 0mm,111. Ils se dirigent progressivement latéralement jusqu'au niveau de la partie antérieure de la ventouse, suivant la même courbe que les gros canaux séminaux qui leur sont superposés. Au niveau de la ventouse, ils se dirigent vers la ligne médiane en suivant, sur une certaine étendue, les bords mêmes de la ventouse et accompagnant alors les oviductes situés au-dessus d'eux. En arrière de la ventouse, ils continuent à se rapprocher l'un de l'autre et, vers l'extrémité postérieure du corps, ils ne sont plus séparés que par un espace d'environ 0mm,500.

Commissures (Pl. II, fig. 17). — Les deux cordons nerveux postérieurs sont unis l'un à l'autre par des commissures au nombre de neuf. La première s'observe à peu près à égale distance de l'orifice mâle et de la première paire de branches intestinales ; la seconde est située au-dessous de ces premières branches ; les troisième, quatrième, cinquième, sixième, septième et huitième respectivement sous les branches intestinales des troisième, quatrième, cinquième, sixième, septième et huitième paires. La neuvième commissure se trouve en arrière de l'ovaire impair postérieur. Entre la huitième et la neuvième commissure, on observe, à droite et à gauche, deux nerfs qui ne se rejoignent pas sur la ligne médiane; une paire de nerfs semblables s'observe encore en arrière de la neuvième commissure.

Les commissures, et plus spécialement les troisième, quatrième, cinquième, sixième et septième, qui sont dans la région de la ventouse, envoient, vers la face ventrale, des filets nerveux qui se ramifient dans la couche musculaire.

Toutes les commissures, ainsi que les trois paires de nerfs postérieurs qui ne se rejoignent pas sur la ligne médiane, se prolongent latéralement, constituant des *nerfs transversaux*, en général un peu sinueux, qui se bifurquent et dont les ramifications s'anastomosent pour former un réseau à la périphénie du corps.

Il est probable que, du plexus périphérique, doivent se détacher, comme chez *Leptoplana* où je les ai mis en évidence (**1900** et **1911**), des filets qui pénètrent dans l'épiderme. Je n'ai pas fait, sur *Stylochoïdes*, de préparations au Golgi.

Histologie du système nerveux. — Le cerveau est entouré d'une gaine fibreuse propre, éosinophile, dont les fibres sont d'ailleurs rattachées aux fibres du mésenchyme. Sur la paroi interne de cette gaine, s'observent des noyaux très aplatis dans le sens des fibres.

A la périphérie du cerveau, les noyaux ganglionnaires, dont le diamètre est de $0^{mm},008$ à $0^{mm},010$, sont disposés sur une ou deux rangées suivant les points examinés, mais ils s'avancent en légers massifs, vers l'intérieur du cerveau, entre les points d'émergence des nerfs successifs. La fixation de mes exemplaires n'était pas suffisante pour me permettre de faire, avec sécurité, une étude de ces centres et de la disposition des fibres qui passent dans les nerfs.

Au milieu de la masse cérébrale, j'ai observé des cellules spéciales toujours très rares, une seule sur un exemplaire, deux symétriques sur un autre (Pl. II, fig. 18). Ces cellules à contour irrégulier, sans membrane d'enveloppe, sont constituées par un protoplasme, coloré en bleu par l'hémalun, et tranchant par conséquent nettement sur le fond rouge de la préparation. Le grand axe de ces cellules est de $0^{mm},028$; leur largeur est de $0^{mm},016$ et leur noyau n'a que $0^{mm},002$. En plusieurs points de la périphérie de ces cellules partent des touffes de fibrilles éosinophiles. Ces cellules ne sont pas sans analogie avec certains éléments cellulaires mésenchymateux.

Des noyaux ganglionnaires s'observent en certains points de la surface des nerfs et même dans leur intérieur.

Yeux. — Les yeux peuvent être distingués : en yeux cervicaux qui forment deux longues traînées longitudinales (Hallez, **1907**, Pl. I, fig. 1 et 3), s'étendant en arrière bien au delà de la région cervicale ; en yeux tentaculaires, qui occupent une place importante dans l'épaisseur des tentacules, et en yeux marginaux, toujours peu nombreux.

Le nombre des yeux de ces divers groupes varie avec l'âge de l'animal, comme l'indique le tableau suivant :

	Nombre des yeux de chaque côté du corps, chez un individu de		
	4 millim.	6 millim.	10 millim.
Yeux marginaux	3	5	5
— tentaculaires	6 à 7	12	25
— cervicaux	16 à 17	25	26

Appareil digestif. — *Intestin.* — L'intestin principal se prolonge en avant, au-dessus de la gaine du pharynx et du cerveau (Pl. I, fig. 13), jusque vers la base des tentacules, où il se termine en cul-de-sac. Mais cette partie antérieure n'est guère plus large qu'une ramification de troisième ordre. En arrière, l'intestin principal se termine au niveau de la huitième commissure nerveuse, soit aux trois quarts de la longueur du corps. Il en part huit paires de branches secondaires (Pl. II, fig. 17). Les petits exemplaires de 4 millimètres, comme celui que j'ai décrit en 1907, n'en ont que sept. Ces branches secondaires, sauf celles de la deuxième paire, correspondent assez exactement aux commissures nerveuses. Il existe ordinairement, à la naissance des branches secondaires, un petit lobe, adjacent à l'intestin principal, qui se dirige dorsalement et se termine en cul-de-sac sans se ramifier.

Les branches secondaires, dont la largeur à la base atteint jusqu'à 0mm,400, se ramifient relativement peu, et les rameaux périphériques ne s'anastomosent pas.

Au niveau du cerveau, il part de l'intestin principal deux petits rameaux étroits (Pl. II, fig. 17), qui se ramifient dans la région céphalique. Si, à cause de leur relation directe avec l'intestin principal, on leur donnait la même valeur qu'aux branches secondaires, le nombre de celles-ci serait de neuf paires.

L'épithélium intestinal présente l'aspect bien connu chez les Polyclades. L'intestin et ses branches principales sont entourés par quelques fibres musculaires circulaires, qui présentent un développement plus important autour des étranglements, lesquels sont rattachés aux parois du corps par des fibres dorso-ventrales.

Gaine du pharynx. — La bouche est située en avant du cerveau, comme chez *Oligocladus* et *Cotylocera*. La gaine du pharynx est un long canal s'étendant, en arrière, jusqu'au niveau du centre de la ventouse et même au delà, où elle forme un cæcum comme chez *Oligocladus* (Pl. I, fig. 13). Sa longueur, par conséquent, est très sensiblement égale à la moitié de la longueur de l'animal. Ce canal s'élargit notablement en arrière, où se trouve la base bulbeuse du pharynx. Dans cette partie postérieure, sa section transversale est ovale (Pl. IV, fig. 33, 34, 35), et elle conserve cette forme jusqu'à l'extrémité distale de la partie bulbeuse du pharynx. Alors sa section transversale prend la forme d'un croissant, au moins quand l'oviducte commun est dilaté par la présence de produits génitaux, la face concave du croissant épousant la convexité de l'oviducte (Pl. III, fig. 23 et 24). Dès lors, la forme de la gaine est déterminée par la disposition des organes environnants ; parfois même sa lumière est réduite à une fente étroite.

Les parois de la gaine du pharynx sont formées par un épithélium qui, dans le voisinage de la bouche, passe insensiblement à l'épithélium des téguments et est cilié. Mais, à mesure qu'on s'éloigne de l'orifice buccal, les cellules épithéliales perdent leurs cils vibratiles et s'aplatissent progressivement. Les fibres musculaires circulaires et longitudinales, qui entourent l'épithélium et qui sont bien développées dans la partie antérieure de la gaine, perdent de leur importance à mesure qu'on se rapproche de l'extrémité proximale. Autour de la bouche, on observe des fibres rayonnantes.

Sur plusieurs de mes exemplaires, la gaine pharyngienne, au moins dans sa moitié postérieure, contient tous les éléments figurés qu'on observe dans l'intestin, jusqu'aux Grégarines, qui sont toujours nombreuses dans l'appareil digestif (Pl. III, fig. 26). Cela est évidemment dû à un refoulement du contenu de l'intestin dans la gaine du pharynx, au moment de la fixation de mes échantillons qui, très visiblement, sont contractés.

La bouche intestinale est située un peu en avant du milieu de la longueur du corps, en face de la base bulbeuse du pharynx (Pl. IV, fig. 35).

Le diaphragme, par suite de la disposition de l'appareil pharyngien, est considérablement plus étendu en arrière qu'en avant de la bouche intestinale (Pl. I, fig. 12). Il est tapissé ventralement par l'épithélium très aplati de la gaine du pharynx et, dorsalement, par l'épithélium intestinal, qui, en ce point, est relativement peu élevé. Entre les deux lames épithéliales, se trouve une mince couche de mésenchyme avec fibres musculaires.

Pharynx. — La base bulbeuse du pharynx, sa fixation directe sur la puissante ventouse et les forts paquets de muscles dorso-ventraux, qui entourent le bulbe pharyngien, sont autant de caractères qui indiquent un animal pouvant s'attaquer à de fortes proies.

Je suis embarrassé pour classer le pharynx de *Stylochoïdes* dans une des formes connues sous les dénominations de pharynx plissé, en collerette, en cloche ou cylindrique. Sa structure ne répond à aucune des descriptions qui ont été données jusqu'ici.

C'est une sorte de pharynx en cloche ou en tube, à insertion longue et très oblique autour de la bouche intestinale. Sa partie ventrale et postérieure est notablement plus épaisse et plus fortement plissée longitudinalement à l'intérieur que les parties latérales et la partie dorsale, laquelle se prolonge en un lobe distal onduleux ou replié sur lui-même.

La région postérieure et ventrale du pharynx présente un aspect bulbeux très caractéristique. Sur un individu adulte, sa longueur est de $0^{mm},780$, sa largeur $0^{mm},668$, et son diamètre dorso-ventral $0^{mm},428$, dont $0^{mm},200$ pour la partie musculeuse ventrale et $0^{mm},228$ pour les lames ou plis longitudinaux de la surface interne ou dorsale. On peut se représenter cette partie du pharynx comme une masse sensiblement sphérique, quoique un peu allongée suivant l'axe longitudinal du corps. Sa base, postérieure et ventrale, s'appuie directement sur la ventouse, au système musculaire et fibreux de laquelle elle est reliée par des paquets de fibres musculaires (Pl. IV, fig. 36) ; de forts muscles dorso-ventraux, dirigés d'avant en arrière, se trouvent en outre au niveau de la ventouse, autour de la base du bulbe. Les rapports du pharynx avec la large ventouse et le grand développement des muscles dorso-ventraux de cette région constituent un des caractères les plus saillants du *Stylochoïdes*.

La face ventrale du bulbe (Pl. V, fig. 40) est convexe ; sa face dorsale est concave et, de toute cette surface concave et normalement à elle, s'élèvent de profonds et nombreux plis, qui, sur les coupes transversales, ont l'aspect de hautes papilles. Sur certaines coupes, la partie distale de ce demi-cylindre étant recourbée vers le dos de l'animal, prend l'aspect d'une sorte de casque ou de visière recouvrant en partie la concavité, qui prend ainsi l'aspect d'une géode.

Sur les coupes longitudinales latérales, nécessairement obliques par rapport aux plis longitudinaux insérés normalement sur la face concave, ces plis ressemblent à des cordes ou piliers longitudinaux insérés, à leurs deux extrémités, sur la masse musculo-fibreuse du bulbe, tandis que, sur les coupes longitudinales médianes, leur aspect est à peu près le même que sur les coupes transversales. Ces lames longitudinales sont serrées les unes contre les autres, un peu onduleuses ; leur épaisseur ne dépasse pas $0^{mm},020$; aussi est-il très rare de rencontrer une coupe longitudinale passant par leur axe et donnant ainsi l'impression d'un pli longitudinal. Les plis sont de moins en moins élevés sur les bords latéraux du bulbe et passent insensiblement aux plis de la face interne des parties latérales et dorsale du pharynx, plis dont la hauteur est très ordinaire.

La partie antérieure du bulbe, qui seule est libre dans la gaine pharyngienne, ne représente à peu près que le quart de la longueur de cet organe.

Les parties latéro-dorsales du bulbe, qui, en arrière, sont en rapport avec le mésenchyme environnant (Pl. IV, fig. 35), prennent, à partir du tiers postérieur de la longueur du bulbe, la structure propre aux parois du pharynx et présentent notamment, sur leur bord interne, des plis longitudinaux comparables à ceux du bulbe, mais infiniment moins élevés. Elles sont insérées suivant une courbe ovalaire à grand axe longitudinal. A mesure qu'on observe des coupes transversales plus antérieures, on voit les parois latérales du pharynx se rapprocher progressivement l'une de l'autre (Pl. IV, fig. 34), pour finalement se souder entre elles, un peu en avant du bord antérieur de la bouche intestinale, et former ainsi la paroi dorsale du pharynx (Pl. III, fig. 26). Cette dernière est soudée, comme les parois latéro-dorsales, à la mince couche du mésenchyme qui se trouve sous l'intestin principal et, comme elles, présente des plis longitudinaux. La partie dorsale et postérieure du pharynx, qui est soudée au mésenchyme sur une longueur d'environ $0^{mm},200$, se présente sous la forme d'une lame légèrement cintrée ventralement dont la largeur est de $0^{mm},500$ et l'épaisseur $0^{mm},192$, en y comprenant la hauteur des plis longitudinaux, qui est égale à $0^{mm},020$. Quand elle cesse d'adhérer au mésenchyme (Pl. III, fig. 24 et 25), elle constitue un lobe lamelliforme, libre dans la gaine du pharynx, long de $0^{mm},500$ à $0^{mm},600$, plié en U ou de diverses façons. Sur une de mes préparations, son extrémité est courbée de telle sorte que les coupes transversales, passant par le coude de la courbure, donnent l'apparence d'un tube aplati.

A l'état de contraction, tel qu'il se présente sur la plupart des animaux conservés, le pharynx n'occupe guère que la moitié de la longueur de sa gaine. Mais il peut s'étendre presque jusqu'à la bouche, comme dans le jeune exemplaire que j'ai observé en 1907, exemplaire unique qui ne m'a pas permis de me rendre un compte exact de la structure du pharynx relativement peu développé et dont je n'avais que des coupes longitudinales. J'ai pu, en comparant ces coupes avec celles que j'ai faites depuis sur des exemplaires adultes, reconnaître que la structure est essentiellement la même chez les jeunes et les adultes. Si, dans la généralité des individus examinés, l'extrémité distale de la partie bulbeuse du pharynx est tellement éloignée de l'orifice buccal qu'on a quelque peine à croire qu'elle puisse jamais s'étendre jusqu'à la bouche, on comprend cependant qu'elle puisse atteindre celle-ci, en dehors de son extension propre, si l'on considère que le pharynx est solidement fixé à la ventouse et que, sous l'influence des muscles dorso-ventraux, obliques d'avant en arrière de chaque côté du bulbe, et aussi sans doute des muscles longitudinaux des téguments, la partie antérieure de l'animal doit se rétracter et diminuer, dans une large mesure, la longueur de la gaine pharyngienne aux dépens de sa largeur.

Histologie du pharynx (Pl. V, fig. 40). — La surface externe du pharynx est formée d'un épithélium très aplati, mais dont quelques noyaux sont encore visibles. Sur la surface interne, on ne voit qu'un liséré fortement coloré en bleu par l'hémalun, c'est le *cuticula-ähnliches Epithel* de Lang. A un très fort grossissement, ce liséré apparaît comme une série de points très rapprochés et fortement colorés, inclus dans une mince couche d'un bleu moins intense.

Sous ce revêtement à aspect cuticulaire, vient une couche de fibres musculaires circulaires internes. De celles-ci partent des fibres radiaires qui se dirigent vers la périphérie et qui, à peu près à mi-chemin, se ramifient. Leurs nombreuses ramifications constituent un tissu à fibres entre-croisées qui s'étendent jusqu'à la couche des fibres musculaires circulaires externes.

Entre les fibres radiaires, avant leur bifurcation, s'observent de puissants faisceaux de muscles longitudinaux et, au point où elles commencent à se ramifier, se trouve une zone de cellules glandulaires.

Des fibres musculaires longitudinales externes existent aussi, mais celles-ci, de même que les fibres circulaires externes, sont moins fortes que les couches internes correspondantes. Le grand développement des muscles longitudinaux internes est peut-être la cause de la courbure que présente souvent la partie distale du bulbe pharyngien, courbure qui donne à cette partie l'aspect d'un casque.

Quelques cellules mésenchymateuses s'observent dans le voisinage des muscles circulaires internes et externes.

La structure est la même pour toutes les parties du pharynx, mais les fibres longitudinales internes et surtout les fibres radiaires sont notablement plus développées dans la partie ventrale ou bulbeuse.

Les grandes lames longitudinales du bulbe sont revêtues par l'épithélium cuticulaire; elles reçoivent des fibres radiaires bien visibles dans leur plan médian ; on y observe en outre un tissu aréolaire fibreux avec noyaux semblables à ceux du mésenchyme.

Organes reproducteurs males. — *Testicules.* — Les follicules testiculaires sont ventraux, serrés les uns contre les autres. Sur les coupes longitudinales latérales, on en compte 16 à 18 rangées et, sur les coupes transversales, 14 à 16. On peut donc admettre que leur nombre est approximativement de 224 à 288. Leur section transversale, à peu près circulaire, a un diamètre de $0^{mm},080$ à $0^{mm},100$. Lorsqu'ils sont bien développés, ils s'étendent dans la direction dorsale, leur hauteur pouvant atteindre $0^{mm},400$. Leur forme varie d'ailleurs suivant les pressions qu'exercent sur eux les organes voisins. On observe des testicules depuis la région cervicale jusqu'au niveau de l'ovaire impair postérieur. Tous les testicules d'un même côté du corps sont réunis entre eux par de fins canalicules, leur ensemble formant ainsi une sorte de glande en grappe.

Canaux déférents et gros canaux séminaux. — Tous les canalicules testiculaires, d'un même côté, viennent aboutir au gros canal séminal correspondant, vers le niveau du milieu de la ventouse, un peu en avant de l'oviducte dorso-ventral (Pl. III, fig. 31). Les deux canaux séminaux, superposés aux cordons nerveux ventraux, suivent ceux-ci dans leur cours jusque dans la région de l'*antrum femininum.* En ce point, ils cessent d'accompagner les nerfs postérieurs; ils se rapprochent l'un de l'autre et pénètrent dans le pénis. Leur parcours est sinueux et leur diamètre très variable, suivant la quantité de sperme qu'ils emmagasinent. Au point où les canaux testiculaires se réunissent à l'extrémité des gros canaux séminaux, leur diamètre est de $0^{mm},036$ (Pl. V, fig. 44) ; puis ils se dilatent progressivement, si bien que le diamètre des gros canaux séminaux atteint $0^{mm},066$ (Pl. V, fig. 43), $0^{mm},145$ (Pl. V, fig. 42) et même $0^{mm},400$ dans un de mes exemplaires. En avant de la partie renflée qui joue le rôle de vésicule séminale, le diamètre diminue; il n'est plus que de $0^{mm},028$ à la base du pénis.

Les canaux vecteurs du sperme ont une paroi cellulaire. Dans leur partie renflée, il n'y a, autour de leur épithélium, que quelques fibres musculaires circulaires, mais, à mesure qu'on approche du pénis, on voit la couche musculaire devenir de plus en plus puissante; son épaisseur est de $0^{mm},032$ dans le voisinage du pénis.

Organe copulateur mâle. — Les particularités de l'organe copulateur de *Stylochoïdes* consistent en ce qu'il n'y a ni vésicule séminale proprement dite, ni vésicule des glandes granuleuses, mais une vésicule accessoire (Pl. I, fig. 13); en outre le pénis est traversé, dans toute sa longueur, par deux canalicules (Pl. V, fig. 41).

Le pénis est dépourvu de stylet. Il est bulbeux ou à peu près conique quand il est invaginé (Pl. I, fig. 13), mais il est susceptible de s'allonger considérablement lorsqu'il fait saillie au dehors (Pl. V, fig. 41). Il est revêtu d'un épithélium aplati, sous lequel se trouve une épaisse couche de fibres musculaires circulaires et entre-croisées et, plus intérieurement, des fibres longitudinales qui se prolongent en muscles rétracteurs dans le tissu conjonctif de sa base; enfin il existe encore quelques fibres circulaires autour des canaux.

Nous avons dit qu'à la base de l'organe copulateur les deux canaux séminaux sont entourés d'une couche de fibres circulaires de $0^{mm},032$ d'épaisseur. A mesure que ces canaux pénètrent dans le pénis, en se rapprochant l'un de l'autre, leur étui musculaire s'amincit progressivement et disparaît complètement vers la région moyenne de l'organe. Là, les canaux droit et gauche, très rapprochés, continuent à se diriger parallèlement l'un à l'autre, jusqu'à la pointe du pénis, où se produit seulement leur union dans un pore commun.

Les glandes granuleuses (Pl. V, fig. 41) sont situées en partie en dehors du pénis, en partie dans le pénis même. Leurs longs canalicules s'étendent dans cet organe et aboutissent aux canaux dépourvus de gaine musculaire propre. Au point où cesse cet étui musculaire, le diamètre de la lumière des canaux est réduit à $0^{mm},008$; immédiatement au delà la lumière atteint $0^{mm},016$, et en même temps la structure de la paroi change. L'épithélium devient plus plat ; ses noyaux sont plus clairsemés, et la paroi épithéliale est traversée par une infinité de traînées, formées de granulations très fines provenant des glandes granuleuses, granulations qui, dans un de mes exemplaires, remplissent toute la lumière de cette partie des canaux du pénis (Pl. V, fig. 45).

On voit donc que le pénis est traversé, dans toute sa longueur, par deux canaux qui ne se réunissent qu'à son extrémité distale. Ces canaux, dans leur partie proximale, peuvent être considérés comme des canaux éjaculateurs, à cause de leur étui musculaire et, dans leur partie distale, comme des canaux des glandes granuleuses.

L'*antrum masculinum* est revêtu d'un épithélium vibratile dont les cils sont particulièrement longs dans le voisinage de l'orifice mâle ; les muscles tégumentaires le tapissent également.

La gaine du pénis est tapissée par un épithélium pavimenteux, moins élevé que celui de l'antrum ; les cils vibratiles y sont rares. Des fibres musculaires se rencontrent aussi sous cet épithélium, mais elles sont moins développées que dans l'antrum.

Sur le bord médian dorsal de la gaine du pénis, s'ouvre le conduit d'une vésicule accessoire (Pl. I, fig. 13). Ce conduit, assez long et à paroi cellulaire, aboutit à une vésicule piriforme à épithélium élevé, qui est entouré d'une épaisse couche de fibres musculaires circulaires, accompagnées extérieurement de fibres longitudinales et entre-croisées, qui, en arrière de la vésicule, se perdent dans le mésenchyme (Pl. III, fig. 32, et Pl. II, fig. 19).

Organes reproducteurs femelles. — *Ovaires.* — Il existe vingt-trois ovaires : onze sont disposés, de chaque côté du corps, plus ou moins symétriquement ; le vingt-troisième, postérieur et impair, se trouve en avant de la dernière commissure nerveuse (Pl. II, fig. 15). Quant aux ovaires pairs, ils s'étendent depuis la région des organes copulateurs jusqu'à l'ovaire postérieur, et ils sont disposés, à droite et à gauche, en deux groupes, dont un en avant et un en arrière de l'oviducte dorso-ventral. Le groupe antérieur comprend sept ou huit ovaires, le groupe postérieur quatre ou trois. Dans l'exemplaire dont j'ai représenté la reconstitution des oviductes (Pl. II, fig. 15), il y a sept ovaires dans le groupe antérieur droit et huit dans le groupe antérieur gauche.

Les ovaires sont très volumineux; sur les animaux conservés, ils forment d'assez fortes saillies sur la face dorsale. Un peu irréguliers par suite des pressions exercées par les organes voisins, ils peuvent être considérés comme des ovoïdes dont le grand axe, dorso-ventral, atteint 0mm,640, soit plus du tiers de l'épaisseur du corps, tandis que les axes antéro-postérieur et transversal oscillent entre 0mm,340 et 0mm,380. Par suite de leur grand développement, les ovaires chevauchent souvent les uns au-dessus des autres, si bien que, dans les coupes transversales, il n'est pas rare de trouver deux et même trois sections de ces organes d'un même côté du corps.

Les parois ovariennes sont formées d'une mince couche de protoplasme avec noyaux, le plus souvent aplatis, en saillie dans l'ovaire (Pl. IV, fig. 37).

Chaque ovaire comprend deux parties distinctes : la zone germinative ventrale et la partie dorsale, où se forme une sécrétion spéciale rappelant le produit des glandes utérines d'autres Polyclades. Je décrirai successivement chacune de ces parties.

Dans les très jeunes individus dont les organes copulateurs sont à peine ébauchés, les ovaires présentent la même structure que les testicules. Ce sont des amas très denses et fortement colorés de noyaux embryonnaires. On ne les distingue des testicules que par leur position, qui est plus dorsale.

Chez les individus adultes, on observe, dans la partie la plus ventrale de la zone germinative, un amas de noyaux pourvus d'un nucléole et d'un diamètre de 0mm,012 à 0mm,016. Je n'y ai rencontré aucune cinèse. Ces noyaux se trouvent dans une masse protoplasmique commune, souvent directement en contact avec la paroi ovarienne, et dans laquelle se rencontrent en outre des noyaux de 0mm,008 en tout semblables à ceux du mésenchyme. Un peu plus dorsalement les noyaux, alignés dans une direction ventro-dorsale, sont entourés d'une atmosphère protoplasmique propre (Pl. II, fig. 16); ces cellules mesurent 0mm,024 à

$0^{mm},030$, leur noyau $0^{mm},016$ à $0^{mm},020$ et leur nucléole $0^{mm},006$. Quand les jeunes ovules ont atteint un diamètre d'environ $0^{mm},040$, on commence à voir apparaître, dans l'ooplasme, des globules vitellins jaunes dont le nombre augmentera considérablement à mesure que l'ovule se développera (Pl. III, fig. 27 et 28). Le noyau grossit aussi ; il mesure maintenant $0^{mm},036$ et son nucléole $0^{mm},009$. La chromatine, qui au début était disposée en réseau, commence à se mettre en rubans et, à mesure que ceux-ci deviennent plus distincts, le nucléole diminue de volume, puis disparaît. Les ovules, d'un diamètre de $0^{mm},200$, ont un noyau qui mesure $0^{mm},060$. L'ooplasme, qui, dans les jeunes ovules, était très finement granuleux, a pris un aspect feutré, particulièrement à la périphérie, où l'ectoplasme est très net (Pl. III, fig. 28, 29 et 30). Ce même aspect se rencontre aussi parfois autour du noyau, tandis que la plus grande partie de l'ooplasme est envahie par des globules vitellins jaunes. Entre ces globules, le protoplasme, quoique raréfié, présente encore l'aspect de fibrilles ou de hachures qu'on observe si bien dans l'ectoplasme.

Les plus gros ovules que j'ai observés ont un diamètre de $0^{mm},620$. Leur noyau mesure $0^{mm},085$. La couche superficielle feutrée est considérablement diminuée d'épaisseur, et tout l'ooplasme est envahi par une infinité de petites sphères vitellines.

A mesure que les ovules se développent, on les voit entourés d'un nombre toujours plus grand de noyaux semblables à ceux du mésenchyme, dont j'ai déjà signalé la présence dans la zone germinative de l'ovaire. Ces noyaux, très nombreux autour des plus gros ovules, constituent une enveloppe folliculaire.

Dans les ovaires peu avancés dans leur développement, on observe, dans leur région dorsale, un protoplasme aréolaire dans lequel se trouvent de nombreux noyaux nucléolés et mesurant $0^{mm},012$ à $0^{mm},014$ (Pl. IV, fig. 37). A ce stade, la partie dorsale de l'ovaire n'est pas très différente de la zone germinative, mais la masse plasmatique est plus lacuneuse et, au lieu de se colorer en bleu par l'hémalun-éosine, elle prend une teinte légèrement violacée ; enfin elle ne s'individualise jamais autour des noyaux.

Dans les ovaires un peu plus avancés dans leur développement (Pl. IV, fig. 38), les noyaux ont légèrement augmenté de volume; ils mesurent 0mm,016, et ils sont pourvus d'un gros nucléole entouré d'une auréole claire ; leur chromatine s'est divisée en une infinité de petits grains encore fortement colorés en bleu. Mais ce qui frappe surtout, c'est la substance plasmatique vacuolaire et homogène, qui est devenue extrêmement éosinophile et qui en même temps paraît avoir augmenté de volume. Il en résulte un remarquable contraste entre la partie dorsale de l'ovaire d'un rouge vif et la partie ventrale très cyanophile.

Au stade suivant, on assiste à une caryolyse (Pl. IV, fig. 39). Le nucléole se résout en granulations comme la chromatine ; la membrane nucléaire disparaît; les contours du noyau deviennent irréguliers, et les granulations, encore cyanophiles, se répandent dans la substance éosinophile. En général, on voit, contre le noyau en voie de destruction, une tache d'un jaune clair qui n'est peut-être qu'une lacune remplie d'une matière particulière.

Enfin, dans les ovaires le plus avancés dans leur développement, la masse éosinophile remplit toute la moitié dorsale de l'organe. Les lacunes y sont rares ; elles sont remplacées par de nombreuses taches arrondies, mais plus ou moins irrégulières, d'un jaune clair. A la périphérie se trouvent des corps analogues, mais d'un jaune de chrome et contenant quelques granules noirs réfringents. Ces corps périphériques sont disposés assez régulièrement sur un ou deux rangs. Outre les corps jaunâtres, on trouve encore, à l'intérieur de la substance éosinophile, des restes, souvent agglomérés, des noyaux détruits et se colorant encore légèrement en bleuâtre.

La masse éosinophile nouvellement formée se présente, sur les coupes, comme une substance absolument anhiste et homogène, mais elle ne tarde pas à prendre un aspect craquelé qui semble indiquer un changement dans sa consistance. C'est avec cet aspect qu'on la trouve, non seulement dans certains ovaires, mais aussi, sur un de mes exemplaires, dans les oviductes ventraux et l'oviducte commun. De l'examen de cet exemplaire et notamment des ovaires du côté du corps dont provient la substance éosinophile qui encombre l'oviducte ventral de ce même côté, ainsi que l'oviducte commun et une partie de l'*antrum femininum*, je suis amené à croire que l'expulsion de ce produit de sécrétion doit précéder la ponte, mais de peu de temps. Il doit être destiné à servir de milieu aux œufs et probablement aussi de première nourriture aux jeunes nouvellement éclos. Ce serait une sorte de vitellus secondaire extra-ovulaire, et l'ovaire lui-même correspondrait à l'ovaire et à la glande utérine des autres Polyclades.

Je n'ai pas trouvé de spermatozoïdes dans les ovaires, ni dans aucune partie des conduits génitaux femelles.

Oviductes (Pl. II, fig. 15). — Le réseau dorsal d'oviductes, que présentent la plupart des Polyclades, fait ici défaut, comme chez *Laidlawia*. Il n'existe, de chaque côté du corps, qu'un large oviducte s'étendant très dorsalement, au-dessus de la rangée des ovaires, laquelle est un peu latérale par rapport à l'oviducte. Les deux larges oviductes dorsaux se réunissent en avant, au niveau de l'orifice femelle, et en arrière, au-dessus de l'ovaire impair postérieur. Ils forment ainsi un ovale, sur le bord latéral duquel se trouvent les conduits d'union avec les ovaires. Seul l'ovaire postérieur est en relation avec l'oviducte par un canal dorso-ventral.

Les canaux de communication des ovaires avec l'oviducte sont courts. Leur structure est la même que celle de l'oviducte, dont ils ne sont que des diverticules.

Très peu sinueux, les oviductes dorsaux ont un diamètre moyen de $0^{mm},250$. Leur paroi est formée de cellules élevées ($0^{mm},060$ à $0^{mm},080$), terminées en massue, ciliées et à cytoplasme parfois lacuneux. Sur la paroi dorsale on observe, dans la plupart des coupes transversales, une sorte de raphé en saillie dans la lumière de l'oviducte (Pl. V, fig. 47). Au centre de cette saillie, se trouvent quelques fibrilles conjonctives sur lesquelles s'insèrent les cellules du raphé, qui sont ciliées comme les autres. Les coupes longitudinales montrent que le raphé ou repli dorsal, un peu sinueux, s'interrompt par places pour réapparaître peu après. La paroi épithéliale est entourée par quelques fibres circulaires qui semblent être des dépendances des muscles dorso-ventraux.

Vers le niveau du milieu de la ventouse, il part, de la paroi ventrale de chaque oviducte dorsal, un conduit qui descend verticalement (Pl. IV, fig. 36). Ce sont les deux oviductes dorso-ventraux, qui, à une faible distance au-dessus des nerfs postérieurs, se dirigent vers la partie antérieure du corps pour former les oviductes ventraux (Pl. II, fig. 15). Leur structure est la même que celle des oviductes dorsaux (Pl. V, fig. 48) ; les cellules ciliées y sont encore plus élevées ; leur cytoplasme est moins lacuneux, et les contours cellulaires se colorent plus fortement.

Les deux oviductes ventraux, d'un diamètre moyen de $0^{mm},144$, accompagnent d'abord les nerfs postérieurs, auxquels ils sont superposés, jusque vers le niveau du bord antérieur de la ventouse. Puis ils se rapprochent insensiblement l'un de l'autre pour finalement se souder en un oviducte commun médian qui remonte verticalement, en arrière de l'*antrum femininum*, à la partie dorsale et postérieure duquel il aboutit (Pl. I, fig. 13).

L'épithélium des oviductes ventraux, tout en restant cilié, devient de moins en moins élevé. Sa hauteur n'est plus que de $0^{mm},032$ vers la jonction des deux oviductes et de $0^{mm},028$ dans l'oviducte commun, où il est tout à fait pavimenteux. Dans un oviducte commun, fortement dilaté par la présence de la sécrétion éosinophile, la hauteur de l'épithélium est réduite à $0^{mm},008$.

Antrum femininum. — L'*antrum femininum* est allongé dans le sens transversal. Ses sections longitudinales sont à peu près circulaires avec un diamètre moyen de $0^{mm},040$. Il est revêtu par un épithélium allongé, en massue, haut de $0^{mm},020$ à $0^{mm},024$ dans le voisinage de l'orifice femelle. Cet épithélium est moins élevé sur les faces dorsale et postérieure, où il devient insensiblement pavimenteux, comme l'épithélium de l'oviducte commum avec lequel il se continue.

Glandes coquillières (Pl. V, fig. 46). — Elles débouchent exclusivement dans l'*antrum femininum*. Elles sont très développées, s'étendent latéralement sur la face ventrale et forment des touffes dirigées dorsalement, de chaque côté de l'oviducte commun. Dans un de mes exemplaires dont l'orifice femelle est très dilaté (Pl. V, fig. 46), l'*antrum femininum* contient un bouchon de sécrétion dans lequel on peut distinguer une partie homogène éosinophile, semblable à la sécrétion de la partie dorsale des ovaires, et une partie très finement granuleuse d'un jaune brunâtre provenant des glandes coquillières.

Parasites (Pl. I, fig. 14 ; Pl. III, fig. 26), et Pl. IV, fig. 33). — Comme l'exemplaire de 1907, les individus provenant de la deuxième expédition ont un grand nombre de grégarines dans leur intestin. Ce sont des monocystines dont voici les dimensions : longueur = 0mm,250 à 0mm,300, diamètre au niveau du noyau = 0mm,040, diamètre du noyau = 0mm,016, diamètre du nucléole = 0mm,007. Cytoplasme spumeux, cyanophile. Noyau éosinophile. Nucléoles très cyanophiles.

Diagnose du genre « Stylochoïdes ».

Corps ovale, lisse, à deux tentacules situés entre le bord frontal et le cerveau. Ventouse très forte. Bouche située en avant du cerveau. Pharynx pouvant être ramené à la forme cylindrique ou en cloche, mais à partie ventrale bulbeuse en rapport avec la ventouse. Gaine du pharynx très longue, s'étendant en arrière en un cæcum. Intestin principal s'étendant en avant du cerveau et pourvu de sept à huit paires de branches à ramifications non anastomosées. Orifice mâle à une faible distance de la bouche. Orifice femelle assez rapproché de l'orifice mâle. Ovaires peu nombreux, de grande dimension et à double fonction. Deux larges oviductes dorsaux réunis en avant et en arrière, en relation avec deux oviductes ventraux qui se réunissent en un oviducte commun. Pas de glandes utérines. Pas d'utérus. Pénis sans stylet, traversé dans toute sa longueur par deux canalicules. Une vésicule accessoire. La vésicule séminale et la vésicule des glandes granuleuses manquent. Yeux disposés en deux groupes cervicaux et deux groupes tentaculaires ; en outre, quelques yeux marginaux.

« Stylochoïdes albus. »

Corps dépourvu de pigment, mais à ramifications intestinales colorées en rouge. Yeux cervicaux formant deux longues traînées longitudinales s'étendant, en arrière, bien au delà de la région cervicale et comprenant chacun 25 à 26 yeux. Yeux tentaculaires au nombre de 12 à 25 de chaque côté du corps. Yeux marginaux en deux groupes de 5. Vingt-trois ovaires. Longueur : 10 millimètres ; largeur : 7 millimètres. Mers antarctiques.

Enterogonimus aureus nov. gen., nov. sp.

Fiche. — N° 702 (3). Baie de l'Amirauté. Ile du Roi-George. Basse mer du 26 décembre 1909. *Coloration : jaune-bouton d'or franc* (un seul exemplaire).

Extérieur. — Cet individu a été trouvé avec des *Stylochoïdes albus*. Fortement courbé ventralement à ses deux extrémités, il ne pouvait être utilisé qu'en coupes longitudinales (j'en ai obtenu 1 062 de $0^{mm},006$). De forme ovale, il mesurait 9 millimètres de long sur $6^{mm},4$ de large et ne présentait ni tentacules, ni papilles dorsales. Sa couleur, très différente de celle relevée quand il était en vie, était d'un jaune brunâtre, qui est la coloration ordinaire de ces animaux conservés en alcool. Complètement opaque, il ne laissait voir que la ventouse, située en arrière du milieu du corps et d'un diamètre d'environ $0^{mm},750$.

L'examen des coupes permet de compléter l'exposition des caractères extérieurs qui pouvaient être apparents sur l'animal vivant. La bouche est à une faible distance en arrière du cerveau et est suivie de près par l'orifice mâle.

L'orifice femelle se trouve à peu près à égale distance de l'orifice mâle et du bord antérieur de la ventouse.

Téguments. — Les cellules épidermiques mesurent $0^{mm},028$ sur la face ventrale et leurs cils $0^{mm},005$. Les rhabdites sont ordinairement par groupes de quatre (Pl. VI, fig. 56), plus rarement de six ; ils sont fusiformes et très forts : leur longueur est de $0^{mm},024$, leur largeur de $0^{mm},003$. L'épiderme de mon exemplaire est d'ailleurs très mal conservé ; il manque complètement sur la plus grande partie du corps.

Sous l'épaisse membrane basale, on observe, sur la face ventrale, une mince couche de fibres longitudinales, une couche épaisse de muscles circulaires, puis des muscles diagonaux, quelques fibres circulaires internes et des muscles longitudinaux internes plus développés que les muscles longitudinaux externes. Cette structure des téguments est très semblable à celle de *Cycloporus*. Le système musculaire de la face dorsale est beaucoup moins important que celui de la face ventrale.

Mésenchyme. — Il est surtout remarquable par la présence de cellules vésiculeuses (Pl. VI, fig. 54), d'un diamètre de 0mm,023 à 0mm,028, très abondantes dans la tête, où elles constituent, notamment de chaque côté du cerveau et de l'intestin principal, un amas large et épais ; elles forment également une gaine autour des oviductes (Pl. VI, fig. 52). Ces cellules sont hyalines, ne se colorent que très faiblement par l'éosine et semblent formées par une substance homogène transparente. Leur noyau, qui mesure 0mm,006, présente une substance chromatique granuleuse qui se colore avec intensité par l'hémalun.

Dans la couche mésenchymateuse sous-cutanée s'observent des traînées de grains de pigment.

Outre les éléments précédents, le mésenchyme comprend des cellules dont les unes sont éosinophiles, les autres cyanophiles. Les muscles dorso-ventraux ne sont pas disposés en paquets.

Système nerveux. — Le cerveau est allongé transversalement ; son axe transversal mesure 0mm,498, son axe dorso-ventral 0mm,300 et son axe antéro-postérieur 0mm,160.

De la face antérieure et latérale du cerveau se détachent successivement, à partir du bord latéral et de chaque côté :

1° Un nerf ventral, tout à fait latéral, qui se dirige ventralement et en arrière et qui envoie, dès son origine, un rameau dirigé dorsalement à une très faible distance en avant de la face antérieure du cerveau. Entre le rameau dorsal de ce nerf et le cerveau se trouve un œil cervical ;

2° Un nerf naissant à égale distance du bord inférieur et du bord dorsal du cerveau ; ce nerf se dirige en avant, en donnant naissance à de larges ramifications au milieu du mésenchyme, sous l'intestin principal ; il se bifurque à son origine, donnant naissance à un rameau dont les ramifications se répandent dans le mésenchyme de la région postérieure ;

3° Un nerf partant du bord dorsal du cerveau, qui se dirige en avant sous la face dorsale de la tête ;

4° Un nerf qui sort du bord ventral du cerveau, se dirige d'abord verticalement vers la face ventrale, puis en avant et ventralement ;

5° Un cordon nerveux postérieur qui prend naissance sur le bord latéral postérieur du cerveau prend une direction oblique latérale, puis se dirige en arrière jusqu'à l'extrémité postérieure du corps.

Ce sont là les seuls nerfs cervicaux que les coupes longitudinales m'ont permis de distinguer. En comparant ces nerfs cervicaux à ceux de *Stylochoïdes*, on reconnaît que les nerfs **3** correspondent aux nerfs *nd* de *Stylochoïdes* et, comme eux, peuvent être considérés comme des nerfs de sensibilité spéciale. De même les nerfs de *Stylochoïdes*, qui se ramifient dans le mésenchyme en avant et en arrière du cerveau, sont représentés chez *Enterogonimus* ; mais, au lieu d'avoir des racines distinctes pour la région antérieure (nl^1) et la région postérieure (nl^2), ils ne présentent, chez *Enterogonimus*, qu'une racine (**2**) qui se bifurque dès sa base en une branche antérieure et une branche postérieure. Quant aux nerfs des muscles de la face ventrale dont chacun, chez *Stylochoïdes*, naît du cerveau par deux racines (nv^1 et nlv^1 pour la région antérieure et nv^2 et nlv^2 pour la région postérieure), ils n'ont, chez *Enterogonimus*, qu'une seule racine (**4**) pour la région antérieure du corps, et une autre (**1**) pour la région postérieure.

Yeux. — Les coupes, qui ne montrent aucune trace de tentacules ni de papilles dorsales, permettent de se rendre compte de la disposition des yeux, les seuls organes sensoriels de *Enterogonimus*. Ils forment deux groupes cervicaux et deux groupes tentaculaires et marginaux. Ces derniers groupes comprennent, de chaque côté du corps : 1° un amas dorsal de vingt yeux occupant la place de tentacules frontaux; 2° un amas ventral de quarante-six yeux dont un très antérieur, situé très près de la ligne médiane.

Les yeux cervicaux sont plus rapprochés du plan médian du corps que les groupes tentaculaires. Ils sont tous compris dans la région cervicale, qu'ils ne dépassent que très peu en arrière, et ils forment deux groupes comprenant chacun quarante-deux yeux. Ceux-ci sont dorsaux, assez superficiels. En outre, il existe deux yeux, profondément situés dans le mésenchyme, immédiatement contre la face antérieure du cerveau, entre celle-ci et la branche ascendante du nerf **1**. La convexité de la coupe pigmentaire de ces yeux symétriques est dirigée en avant.

Cette disposition des yeux est analogue à celle des *Cycloporus*.

Appareil digestif. — Le pharynx est très antérieur (Pl. VI, fig. 50). Il est tubuleux ; sa longueur ne dépasse guère un millimètre ($1^{mm},100$) ;

sa largeur, dans la région moyenne, est à peine de 0mm,500.

La gaine du pharynx est également courte. Le diaphragme n'existe qu'en avant de la bouche intestinale, la paroi du pharynx se continuant directement en arrière avec l'épithélium de l'intestin (Pl. VI, fig. 50).

La structure du pharynx est celle qui est connue chez les Euryleptides. On y distingue :

1° Un épiderme externe cuticulaire ;

2° Une couche de muscles longitudinaux ;

3° Une couche de muscles circulaires ;

4° Une épaisse couche de mésenchyme avec noyaux, traversée par les muscles radiaires et les conduits excréteurs des glandes salivaires, qui prennent leur origine en partie en dehors du pharynx ;

5° Une couche de muscles circulaires, épaisse surtout à la base du pharynx ;

6° Une couche de muscles longitudinaux ;

7° Un épithélium cuticulaire interne qui revêt les replis longitudinaux internes du pharynx.

L'intestin principal est plus long qu'il ne l'est ordinairement chez les Polyclades. Il s'étend sur la plus grande partie de la longueur du corps (Pl. VI, fig. 50) et présente treize paires de branches dont trois se trouvent en avant du pharynx, sept entre le pharynx et la partie postérieure de la ventouse, et trois en arrière de la ventouse. L'intestin principal est notablement plus étroit dans la région céphalique que dans le reste du corps. Les branches intestinales sont ramifiées, non anastomosées. L'épithélium intestinal consiste en cellules minces d'une hauteur moyenne de 0mm,040.

A cause de certaines ressemblances que présente *Enterogonimus* avec *Cycloporus*, j'ai observé attentivement les terminaisons périphériques des ramifications intestinales, dans les parties où, au hasard des coupes et des plis des bords du corps, il y avait des sections horizontales. J'ai pu constater qu'il n'existe pas de pores extérieurs. Le dernier étranglement des rameaux intestinaux s'étend parfois jusqu'à la couche musculaire cutanée, mais s'y termine toujours en un cul-de-sac (Pl. VI, fig. 55), dont l'épithélium, presque cubique (0mm,009 à 0mm,010), à limites très nettes, rappelle les cellules terminales ou de fermeture des diverticules intestinaux de *Yungia*, lesquels établissent une communication dorsale avec l'extérieur.

Organes males. — Les testicules sont extrêmement nombreux, pressés les uns contre les autres ; ils occupent toute la face ventrale comprise entre les ovaires et les bords du corps. Leur diamètre dorso-ventral est de $0^{mm},200$ à $0^{mm},240$, leur diamètre transversal $0^{mm},140$ à $0^{mm},144$, et leur diamètre antéro-postérieur $0^{mm},092$ à $0^{mm},110$.

Tous les petits canaux testiculaires aboutissent à deux canaux déférents qui se continuent chacun en un gros canal séminal transversal (Pl. V, fig. 49), situé un peu en avant de la glande coquillière et au niveau de la partie supérieure de cette glande. Ces deux gros canaux diminuent considérablement de diamètre avant de s'unir à la pointe de la vésicule séminale. Le revêtement épithélial de ces canaux est entouré d'une couche de fibres musculaires circulaires qui se continue, en s'épaississant, sur la vésicule séminale, où se trouvent également des fibres longitudinales (Pl. VII, fig. 64).

La vésicule séminale, fortement développée, décrit une courbe en demi-cercle ; elle est en grande partie verticale (Pl. VI, fig. 50, et Pl. VII, fig. 60). Son plus grand diamètre est de $0^{mm},250$. Elle est remplie de spermatozoïdes, ainsi que le canal éjaculateur avec lequel elle se continue (Pl. VII, fig. 64).

Dans la courbure de la vésicule séminale, mais un peu à gauche du plan médian, se trouvent des glandes granuleuses bien développées, dont le conduit excréteur commun est en relation avec une vésicule, la vésicule des glandes granuleuses (Pl. VI, fig. 50, et Pl. VII, fig. 65). Celle-ci est située en avant de la vésicule séminale, mais un peu à droite du plan médian. La vésicule des glandes granuleuses, longue d'environ $0^{mm},340$ et d'un diamètre supérieur à $0^{mm},100$, est tapissée par un épithélium aplati, doublé d'une épaisse gaine musculaire constituée presque exclusivement par des fibres circulaires. Elle reçoit, à sa base, la sécrétion des glandes granuleuses, et elle se continue dans le pénis en un canal excréteur.

Le pénis a la forme d'un cône très allongé, long d'environ $0^{mm},200$

et large de $0^{mm},060$ à sa base. Il est dépourvu de stylet et est traversé, sur toute sa longueur, par deux canaux étroits, d'un diamètre de $0^{mm},004$, parallèles, et qui ne se réunissent qu'à la pointe du pénis, où il n'existe qu'un seul pore (Pl. VI, fig. 50). Ces deux canaux se trouvent dans le plan sagittal du pénis ; l'antérieur est le canal excréteur des glandes granuleuses ; le postérieur est le canal éjaculateur. Chacun de ces canaux possède, à sa base, une musculature propre formée de fibres musculaires (Pl. VII, fig. 63), mais, à mesure qu'il s'avance dans le pénis, son enveloppe musculaire devient de moins en moins nette (Pl. VII, fig. 61 et 62).

Le pénis, revêtu extérieurement d'un mince épithélium, comprend, en outre, une couche externe de fibres longitudinales, suivie d'une couche de fibres circulaires ; à l'intérieur, autour des canaux, il y a des fibres entre-croisées avec noyaux du mésenchyme. Le canal éjaculateur possède un épithélium très aplati qui paraît faire défaut au canal excréteur des glandes granuleuses (Pl. VII, fig. 62).

La gaine du pénis est piriforme ; elle n'a pas moins de $0^{mm},600$ de long sur $0^{mm},270$ de large, dans sa partie la plus renflée. Elle présente un épithélium interne aplati, une couche de fibres musculaires circulaires d'une épaisseur de $0^{mm},060$ et enfin des fibres entre-croisées qui se perdent dans le mésenchyme. La disproportion entre les dimensions et la musculature de cette gaine d'une part, et la petitesse relative du pénis d'autre part, est telle qu'on a l'impression que la gaine peut se dévaginer et former ventouse (Pl. VI, fig. 50).

L'*antrum masculinum* est revêtu d'un épithélium haut d'environ $0^{mm},040$, sous lequel se trouvent une couche de fibres circulaires de $0^{mm},008$ d'épaisseur et une couche de fibres longitudinales de $0^{mm},012$ (Pl. VII).

Organes femelles. — *Enterogonimus* a quarante-six ovaires disposés, au nombre de vingt-trois de chaque côté du corps, sur deux rangées longitudinales. Les deux rangées d'un même côté sont très rapprochées l'une de l'autre et situées sous l'oviducte dorsal qui leur correspond. Les ovaires alternent assez régulièrement avec les branches intestinales, qui sont au nombre de treize paires (Pl. VI, fig. 58). Ils se trouvent non loin des origines de ces branches, par conséquent plus rapprochés du plan médian du corps que de la périphérie occupée en grande partie par les testicules. Les premiers ovaires se trouvent dans la région pharyngienne, les derniers un peu en arrière du bord postérieur de la ventouse. Leur diamètre dorso-ventral oscille entre $0^{mm},400$ et $0^{mm},540$, leur diamètre transversal entre $0^{mm},390$ et $0^{mm},400$, leur diamètre antéro-postérieur entre $0^{mm},200$ et $0^{mm},400$.

Comme chez *Stylochoïdes*, la zone germinative est ventrale et dans la partie dorsale dilatée des ovaires se trouve une substance homogène très éosinophile, craquelée, avec des globules jaunes, et qui présente encore, dans quelques ovaires, les derniers stades de la caryolyse (Pl. VI, fig. 58 et 59). Bien que mon exemplaire unique ne m'ait pas permis de suivre, comme chez *Stylochoïdes*, toutes les phases de la dégénérescence des noyaux, je ne doute cependant pas que la substance éosinophile ait ici la même origine que celle de *Stylochoïdes*.

Les plus gros ovules que j'ai observés ont un diamètre de $0^{mm},200$; leur noyau mesure $0^{mm},028$ à $0^{mm},030$ et leur nucléole $0^{mm},008$ à $0^{mm},010$. Ces ovules sont entourés d'une mince enveloppe folliculaire, et leur ooplasme est rempli de grains vitellins jaunes.

Le système des conduits génitaux femelles (Pl. V, fig. 49) comprend deux oviductes dorsaux avec deux canaux génito-intestinaux, deux oviductes dorso-ventraux avec deux réceptacles séminaux, deux utérus, deux oviductes ventraux, un oviducte commun et un *antrum femininum* avec les conduits des glandes coquillières.

Les deux oviductes dorsaux, légèrement sinueux, sont situés au-dessus des branches intestinales (Pl. VI, fig. 58). Ils commencent dans la région pharyngienne et s'étendent jusqu'en arrière du bord postérieur de la ventouse, un peu au delà des ovaires les plus postérieurs. C'est dans leur partie antérieure qu'ils sont le plus éloignés de la ligne médiane; dans leur partie postérieure, ils sont à peu près tangents à la ventouse et, par conséquent, sur le même plan longitudinal que les gros nerfs postérieurs. Leur diamètre est de $0^{mm},052$. Leur paroi est formée par un épithélium cilié, autour duquel se trouvent quelques fibres circulaires, qui sont entourées elles-mêmes par une couche de cellules vésiculeuses (Pl. VI, fig. 52).

Les canaux d'union des oviductes avec les ovaires sont courts; au point où ils sont en relation avec l'ovaire, se trouve un massif de cellules élevées, fusiformes, qui ne sont adjacentes entre elles que dans leur partie renflée. Les extrémités distales, filamenteuses, de ces cellules se réunissent et constituent une trame à mailles rayonnantes qui ferme incomplètement l'orifice ovarien (Pl. VI, fig. 51). C'est une disposition à peu près analogue que Ritter-Záhony (**1907**) a décrite chez *Laidlawia.*

Cette fermeture incomplète peut permettre l'écoulement, dans les oviductes, de la substance éosinophile produite dans la partie dorsale des ovaires et qu'on observe en effet, dans mon exemplaire, aussi bien dans les utérus que dans l'oviducte commun. En même temps, cette fermeture est suffisante pour empêcher la sortie des ovules non mûrs et qui, à maturité, pourront, probablement par pression, rompre la faible barrière qui s'oppose à leur passage.

A un niveau intermédiaire entre la partie postérieure des glandes coquillières et le bord antérieur de la ventouse, il se détache de chaque oviducte dorsal un canal qui se dirige transversalement et va s'ouvrir dans l'intestin principal : ce sont les deux canaux génito-intestinaux (1). Ces conduits, d'un diamètre moyen de $0^{mm},040$, sont tapissés, comme les oviductes, par un épithélium pavimenteux dont les cils sont dirigés vers l'intestin ; ils possèdent également des fibres musculaires circulaires et une couche de cellules vésiculeuses, sauf dans la partie voisine de l'intestin. Les pores intestinaux se trouvent sur la paroi dorsale et latérale de l'intestin principal et à une distance l'un de l'autre égale à $0^{mm},318$ (Pl. VI, fig. 50, ω). Dans le voisinage du pore, l'épithélium du conduit génito-intestinal s'élève et passe à l'épithélium intestinal, dont les cellules en touffes recouvrent l'orifice, où l'on observe, en outre, un épaississement de la couche des fibres circulaires qui enveloppe le conduit génito-intestinal. Il y a là, par conséquent, une sorte de sphincter comparable à celui que Ritter-Záhony a signalé chez *Laidlawia.* De

(1) C'est cette particularité anatomique qui m'a fait désigner ce genre sous le nom d'*Enterogonimus* (ἔντερον, intestin ; γόνιμος, génital).

cette disposition anatomique, on peut conclure que, si certains liquides provenant des oviductes peuvent passer dans l'intestin, il est peu probable que des produits intestinaux puissent passer dans les oviductes. Comme la lumière des conduits génito-intestinaux de mon exemplaire ne contient aucun élément figuré, il n'est pas possible de se faire une idée de la nature des liquides qui peuvent passer de l'oviducte dans l'intestin.

Immédiatement en avant du point d'union du canal génito-intestinal avec l'oviducte dorsal, se détache de ce dernier l'oviducte dorso-ventral (Pl. VI, fig. 57). Les deux oviductes dorso-ventraux, de même structure que les oviductes dorsaux, descendent verticalement entre deux branches intestinales et se mettent en relation chacun avec un utérus.

De chaque oviducte dorso-ventral part un petit canal qui se dirige obliquement d'avant en arrière et de haut en bas et va aboutir à un *receptaculum seminis* (Pl. VI, fig. 57). Les réceptacles séminaux, ventralement situés et à une faible distance en arrière des utérus, sont, dans mon exemplaire, remplis de spermatozoïdes; ils sont tapissés par un épithélium non cilié (Pl. VI, fig. 53). Ce sont des poches ovoïdes; leur diamètre dorso-ventral est de $0^{mm},200$, leur diamètre transversal de $0^{mm},162$ et leur diamètre antéro-postérieur de $0^{mm},120$. Le canal de communication du réceptacle séminal avec l'oviducte dorso-ventral a une longueur de $0^{mm},140$ et un diamètre de $0^{mm},008$.

Les deux utérus de mon exemplaire sont remplis par la substance éosinophile de la partie dorsale des ovaires; ils sont tapissés par un épithélium plat. Ce sont des poches ventralement situées, allongées dans la direction dorso-ventrale (Pl. VI, fig. 57, et Pl. VII, fig. 66), et dont les dimensions, dans mon exemplaire, ne sont pas les mêmes à droite et à gauche, ces poches étant inégalement dilatées par la sécrétion qu'elles contiennent. A droite, le diamètre dorso-ventral de l'utérus mesure $0^{mm},520$, le diamètre transversal $0^{mm},462$, le diamètre antéro-postérieur $0^{mm},348$. A gauche, l'utérus est un peu plus grand, notamment dans la direction transversale, où il mesure $0^{mm},582$.

Tandis que l'oviducte dorso-ventral débouche sur la face postérieure de l'utérus, l'oviducte ventral sort par la face antérieure de cet organe (Pl. VII, fig. 66). Sa structure est la même que celle des oviductes dorsaux. Les deux oviductes ventraux se dirigent en avant ; ils contournent dorsalement les glandes coquillières en se rapprochant de la ligne médiane, où ils se réunissent en un oviducte commun.

Celui-ci est coudé à angle droit (Pl. VI, fig. 50) ; son épithélium porte des cils vibratiles très serrés et longs d'environ 0mm,030, qui sont tous dirigés vers l'*antrum femininum*. Autour de l'épithélium se trouve une couche assez mince de fibres musculaires circulaires. Dans mon exemplaire, l'oviducte commun est rempli par la même substance éosinophile que j'ai signalée dans les utérus.

L'*antrum femininum* est un canal assez étroit, de 0mm,040 à 0mm,048 de diamètre, dont l'épithélium pavimenteux porte des cils de 0mm,008 et qui est entouré par la couche musculaire cutanée, dont les fibres circulaires se continuent autour de l'oviducte commun (Pl. VI, fig. 50).

Au point où l'oviducte commun débouche dans l'*antrum femininum*, se trouvent les conduits des glandes coquillières. Celles-ci, de couleur jaunâtre, sont bien développées ; elles s'étendent en arrière jusqu'aux utérus, et en avant jusqu'à la masse musculeuse de l'appareil copulateur mâle. Comme chez *Laidlawia*, les glandes coquillières de la région dorsale sont éosinophiles.

Diagnose du genre « Enterogonimus ».

Corps ovale, lisse, dépourvu de tentacules frontaux et marginaux. Pharynx assez court, cylindrique, antérieur. Intestin principal s'étendant en avant du cerveau et, en arrière, au delà de la ventouse ; pourvu d'un nombre restreint de branches intestinales ; à rameaux intestinaux non anastomosés. Orifice génital mâle peu en arrière de la bouche. Pénis sans stylet, peu développé par rapport à sa gaine, qui est très musculeuse, traversé dans toute sa longueur par un canal éjaculateur et un canal des glandes granuleuses. Une vésicule séminale et une vésicule des glandes granuleuses. Orifice femelle à égale distance de l'orifice mâle et de la ventouse. Ovaires relativement peu nombreux, mais de grande dimension, à zone germinative ventrale et à partie dorsale produisant une substance éosinophile abondante. Pas de glandes utérines. Deux utérus petits et deux réceptacles séminaux ventraux ; les deux oviductes dorsaux, indépendants l'un de l'autre, sont en relation chacun avec l'intestin principal par un canal génito-intestinal. Yeux disposés en deux groupes cervicaux et deux groupes tentaculaires et marginaux.

« Enterogonimus aureus. »

Treize paires de branches intestinales. Ovaires au nombre de quarante-six. Yeux de la région cervicale disposés en un double groupe comprenant chacun environ quarante-deux yeux, tous confinés dans la région cervicale, qu'ils ne dépassent que peu en arrière. Yeux tentaculaires et marginaux formant deux groupes distincts comprenant chacun environ soixante-six yeux, dont vingt dorsaux et quarante-six ventraux.

Longueur : 9 millimètres. Largeur : 6^{mm},4. Couleur jaune-bouton d'or franc.

Mers antarctiques.

Affinités du genre « Stylochoïdes ».

C'est de la famille des Euryleptides que *Stylochoïdes* se rapproche le plus et, dans cette famille, c'est avec le genre *Oligocladus* Lang qu'il présente le plus d'affinités.

Si l'on se reporte à la diagnose donnée par Lang (**1884**, p. 580), on voit que *Stylochoïdes* possède la majorité des caractères d'*Olygocladus*. Comme dans ce genre, le corps est lisse, tentaculé; la bouche se trouve en avant du cerveau ; la gaine pharyngienne s'étend en arrière en un cæcum bien développé ; le pharynx, malgré sa structure spéciale, peut être ramené à la forme cylindrique et, comme chez *Oligocladus*, il est inséré au fond d'une gaine très longue ; les rameaux intestinaux ne sont pas anastomosés ; les orifices mâle et femelle ont la même position que chez *Oligocladus*.

Mais, d'autre part, *Stylochoïdes* se différencie d'*Oligocladus* par le nombre de ses branches intestinales (sept ou huit paires au lieu de trois ou quatre), par l'absence de soudure entre la partie postérieure de l'intestin principal et les téguments de la face dorsale, par le double groupe des yeux cervicaux qui s'étend notablement plus loin en arrière, et surtout par l'absence des quatre paires de glandes utérines et par le nombre réduit et les grandes dimensions des ovaires qui remplissent ici une double fonction; enfin par l'absence d'une vésicule séminale et d'une vésicule des glandes granuleuses et la présence d'une vésicule accessoire.

Mais, si *Stylochoïdes* présente des caractères d'*Oligocladus*, il a de bien plus grands rapports encore avec *Cotylocera Michaelseni* Ritter-Záhony (**1907**), du sud de la Terre de Feu et des îles Falkland. Les caractères communs et très remarquables de ces deux genres sont les suivants : deux tentacules, puissante ventouse, gaine pharyngienne très longue (comme chez *Oligocladus*), intestin principal s'étendant au delà du cerveau et de la ventouse, pénis sans stylet, absence de vésicule séminale, glandes granuleuses situées en partie dans le pénis, en partie en dehors dans le mésenchyme. En outre, si Ritter-Záhony ne donne pas beaucoup de détails sur les ovaires de son espèce, il écrit néanmoins : « Die Ovarien sind nicht sehr zahlreich, aber so gross, dass sie meist das Tier in dessen ganzer Höhe durchsetzen. » Et cette phrase suffit pour établir la ressemblance de ces ovaires avec ceux de *Stylochoïdes* qui en possède vingt-trois, très gros aussi et occupant la plus grande partie de la hauteur de l'animal. Ritter-Záhony ne donne pas de détails sur la structure du pharynx de *Cotylocera* ; il se contente de dire que « ist der Pharynx Kragelformig; seine Länge verhält sich zu der des Körpers etwa wie 1 : 5 » ; mais, en examinant la coupe sagittale de l'animal qu'il donne (fig. 3), on est frappé de voir que l'insertion de la paroi ventrale du pharynx sur sa gaine est notablement moins dorsale que chez *Oligocladus* et au niveau du bord antérieur de la ventouse. Sous ce rapport, par conséquent, le pharynx de *Cotylocera* est intermédiaire entre celui d'*Oligocladus* et celui de *Stylochoïdes*. Ritter-Záhony signale, dans son espèce, une vésicule des glandes granuleuses qui n'existe pas chez *Stylochoïdes*, mais qui occupe à peu près la même position que la vésicule accessoire de ce dernier genre. Il dit à propos de cette vésicule : « Da die Gewebe hier besonders stark gelitten hatten, war es mir nicht möglich, mit Sicherheit den Zusammenhang der Körnerdrüsenblase mit dem Ductus zu bestimmen; meinen Präparaten zu folge scheint sie in das proximale Ende desselben zu münden. » Les connexions de cette vésicule n'étant pas établies définitivement, il y aurait lieu de rechercher si la vésicule des glandes granuleuses de *Cotylocera* ne correspond pas à la vésicule accessoire de *Stylochoïdes*.

Malgré ces remarquables ressemblances, les deux genres ne peuvent pourtant pas être fusionnés, à cause de quelques caractères bien établis. Parmi ceux-ci, il en est qui pourraient n'avoir qu'une valeur spécifique, comme les trois ou quatre branches intestinales ramifiées, non anastomosées, de *Cotylocera*, opposées aux sept ou huit de *Stylochoïdes*. Mais il est d'autres caractères distinctifs plus importants. *Cotylocera* possède deux utérus sacciformes, ventraux, qui font défaut chez *Stylochoïdes*. Enfin le pénis de *Cotylocera* n'est traversé que par un seul *ductus ejaculatorius* ; il y en a deux dans toute la longueur du pénis de *Stylochoïdes*.

Affinités du genre « Enterogonimus ».

C'est aussi avec la famille des Euryleptides que le genre *Enterogonimus* présente le plus d'affinités. J'ai même cru un moment que je devrais le rapporter au genre *Cycloporus*. Si, par la plupart de ses caractères, il répond à la diagnose que Lang (**1884**) a donnée de la famille des Euryleptides, il s'en éloigne cependant :

1° Par la grande extension de l'intestin principal en arrière et surtout en avant, où il s'étend plus loin que la gaine pharyngienne ;

2° Par son pénis dépourvu de stylet rigide ;

3° Par la disposition de l'appareil femelle : deux utérus peu développés, nombre peu élevé des ovaires, deux canaux génito-intestinaux ;

4° Par l'absence des glandes utérines.

Laidlawia trigonopora Herzig (**1906**), du détroit de Magellan, présente précisément les mêmes exceptions à la diagnose des Euryleptides. Il a un intestin fortement étendu en avant et en arrière ; son pénis n'a pas de stylet rigide ; les ovaires sont seulement au nombre de cinq paires. En outre, *Laidlawia* possède un oviducte transversal que Ritter-Záhony (**1907**) a montré être en communication avec l'intestin principal par un court canal médian, situé un peu en avant de la ventouse. Ce canal transversal est homologue aux deux conduits transversaux génito-intestinaux d'*Enterogonimus*, conduits qui occupent la même position en avant de la ventouse. Le double pore intestinal de ce dernier genre s'explique par l'indépendance des deux oviductes dorsaux, qui, chez *Laidlawia*, sont réunis en arrière. Il est à noter aussi que les réceptacles séminaux de *Laidlawia* occupent la même position et présentent les mêmes connexions avec le système des canaux vecteurs des produits femelles que dans notre espèce.

Laidlawia et *Enterogonimus* sont certainement très voisins l'un de l'autre, même si l'on tient compte de caractères moins importants, tels que la forme du corps, l'absence de tentacules, la disposition des yeux, la position dorso-ventrale de la vésicule séminale, la situation de la vésicule des glandes granuleuses, l'existence de glandes salivaires en partie en dehors du pharynx. Toutefois, ces deux genres restent nettement distincts, non seulement par le nombre des pores génito-intestinaux, le nombre des ovaires, l'indépendance ou l'union des deux oviductes en arrière et le nombre des branches intestinales paires, qui n'est que de sept chez *Laidlawia*, mais encore par l'absence des utérus et l'existence d'une vésicule terminale chez *Laidlawia*.

Les utérus d'*Enterogonimus* sont peut-être remplacés physiologiquement par la vésicule terminale, chez *Laidlawia*, vésicule qui se trouve au point d'union des deux oviductes dorsaux et s'ouvre au dehors par un pore dorsal, situé vers l'extrémité postérieure du corps. Cette vésicule terminale, que Herzig a désignée sous le nom de *bursa copulatrix*, est, d'après Ritter-Záhony, tapissée par un épithélium plat, non glandulaire, longuement cilié, et elle contient « einem Klumpen schwach gefärbter, mit homogeneren Schollen untermengter Masse ». Ritter-Záhony ne dit rien de la structure des ovaires; il constate seulement qu'ils sont au nombre de cinq paires et très gros. Herzig dit qu'ils sont dirigés verticalement dans le corps, comme dans notre espèce par conséquent, et qu'on peut y distinguer deux parties : une partie dorsale avec une grosse cellule-œuf pourvue d'un riche matériel vitellin, et une partie ventrale et latérale avec de jeunes ovules. Malheureusement aucune figure n'accompagne cette description sommaire. La présence du gros ovule, signalé par Herzig dans la partie dorsale de l'ovaire, ne signifie pas que cette région soit dépourvue de fonction sécrétrice, car dans certains ovaires d'*Enterogonimus*, dont la sécrétion est évacuée en tout ou en partie, comme celui représenté Pl. VI, fig. 59, on observe de gros ovules dans la partie dorsale en même temps que de la sécrétion. Et, d'autre part, si je comprends bien la phrase de Ritter-Záhony citée plus haut, ses mottes plus homogènes, « homogeneren Schollen », contenues dans une masse également homogène, me paraissent répondre assez bien aux craquelures de la sécrétion homogène d'*Enterogonimus* et *Stylochoïdes*. Ni cet auteur, ni Herzig ne parlent de l'origine de cette substance contenue dans la vésicule terminale de *Laidlawia*. Comme Ritter-Záhony déclare que la paroi de la vésicule terminale n'est pas glandulaire, il faut bien que la sécrétion qu'elle renferme vienne d'ailleurs. Elle ne peut provenir que des ovaires, puisque aucun organe glandulaire n'est signalé sur le parcours des oviductes. Dès lors la vésicule terminale nous apparaît bien comme un réservoir de la matière sécrétée et, par conséquent, comme analogue aux utérus d'*Enterogonimus*, quoique la position dorsale de son pore excréteur soit un peu troublante pour l'interprétation des rapports de la sécrétion avec la ponte, qui vraisemblablement se fait par l'orifice femelle ventral. Mais entre cette vésicule terminale et les utérus d'*Enterogonimus*, il ne peut y avoir qu'analogie. Si l'on voulait rechercher son homologue, il faudrait avant tout se rappeler qu'elle occupe la même position que l'ovaire postérieur impair de *Stylochoïdes albus* et *Leptoteredra maculata*.

Affinités de l' « Aceros maculatus Hallez » (1907) et nécessité de changer son nom générique [Leptoteredra maculata Hallez (1912)].

Cette espèce, que j'ai décrite en 1907, présente, à première vue, de telles ressemblances avec *Aceros inconspicuus* Lang (1884) que je n'ai pas cru devoir la désigner sous un nom générique nouveau. Cependant elle diffère de l'espèce méditerranéenne, en outre de quelques particularités moins importantes, telles que la coloration et le nombre des yeux, par l'existence d'un pore dorsal mettant la partie postérieure de l'intestin principal en communication avec l'extérieur et par la présence de onze ovaires seulement que, dans mon mémoire de 1907, j'ai désignés sous le nom de glandes utérines. Voilà ce que j'ai écrit à leur propos en 1907 (p. 13 et 14) :

« Je n'ai pu étudier que d'une manière imparfaite la structure des glandes utérines, à cause de la fixation défectueuse et du mauvais état de conservation de l'échantillon. Néanmoins on voit, dans toutes, des cellules qui ressemblent énormément à des ovules et des corpuscules sphériques jaunes très abondants, dont la plupart présentent, à l'intérieur, quelques très petits points noirs. Ces corpuscules semblent être des produits de sécrétion de la paroi; ils occupent surtout la partie dorsale des vésicules utérines. Un certain nombre de cristaux, jaunes comme les sphères, accompagnent celles-ci; les uns ont la forme d'aiguilles, les autres sont tabulaires. Les sphères jaunes font défaut dans la première paire des glandes utérines. Au milieu des corpuscules jaunes on observe, dans chaque glande, une cellule semblable à un ovule, mais à prolongements cytoplasmiques en forme de pseudopodes (Pl. III, fig. 4 et 5). La partie ventrale ou inférieure des vésicules, qui ne contient pas de sphérules jaunes, est remplie par des cellules à aspect d'ovules, mais sans prolongements pseudopodiques. »

On voit par cette citation qu'il n'est plus permis maintenant de douter qu'il s'agisse ici de vrais ovaires, mais à double fonction, comme ceux de *Stylochoïdes*, dont j'ai donné la description plus haut.

D'autre part, *Aceros maculatus* possède un pore intestinal dorsal qui le rapproche du genre *Oligocladus*.

En outre, si l'on admet que les ovaires à double fonction correspondent non seulement physiologiquement, mais aussi morphologiquement à la fois aux ovaires et aux glandes utérines des autres Polyclades, et si l'on considère que le genre *Aceros* Lang n'a qu'une paire de glandes utérines, tandis qu'*Aceros maculatus* possède cinq paires d'ovaires comme *Laidlawia trigonopora* Herzig, plus un ovaire impair postérieur occupant la même position que la vésicule terminale de cette dernière forme, les affinités de notre espèce, avec *Aceros inconspicuus* Lang, *Aceros meridianus* Ritter-Záhony (1907) et *Aceros nationalis* Plehn (1896), sont loin de nous paraître aussi certaines que nous l'avions cru d'abord. Aussi je crois qu'il est nécessaire de lui donner un autre nom générique; je propose de l'appeler *Leptoteredra maculata* (1).

(1) De λεπτότερος, minuscule, et ἕδρα, anus.

Diagnose du genre « Leptoteredra. »

Corps lisse, ovale, sans tentacules. Pharynx assez court, cylindrique, antérieur. Intestin principal à cinq paires de branches ramifiées, non anastomosées, ne s'étendant en avant que jusqu'au cerveau et présentant en arrière un fin canalicule dorsal qui le met en relation avec l'extérieur. Orifice génital mâle à peu de distance de la bouche. Pénis musculeux conique. Une vésicule séminale et une vésicule des glandes granuleuses. Orifice femelle un peu plus rapproché de l'orifice mâle que de la ventouse. Ovaires au nombre de onze, dont un postérieur impair au point d'union des deux oviductes.

« Leptoteredra maculata. »

Corps lisse, ovale, allongé, arrondi aux deux extrémités, à bords latéraux droits, parallèles ; à bord frontal à peine plus large que le bord postérieur. Face dorsale légèrement convexe, toute maculée de taches pigmentaires d'un jaune rougeâtre (sur l'animal conservé), excepté sur ses bords et dans la région pharyngienne. Face ventrale plane, non pigmentée. Yeux tentaculaires dorsaux : cinq à six de chaque côté, dont deux très petits. Yeux tentaculaires ventraux : onze à douze de chaque côté, dont cinq assez gros et six à sept plus petits. Yeux cervicaux : deux groupes allongés comprenant chacun quatorze ou quinze yeux, dont huit relativement gros et six à sept petits.

Longueur : 4 millimètres ; largeur : 2 millimètres. Baie Carthage.

Position systématique des Polyclades cotylés a ovaires a double fonction.

Les Polyclades cotylés, dépourvus de glandes utérines et à ovaires peu nombreux, mais de grande dimension et à double fonction sont :

Stylochoïdes albus Hallez, 1907.
Enterogonimus aureus Hallez, 1912.
Leptoteredra maculata Hallez, 1907 et 1912.
Laidlawia trigonopora Herzig, 1906.
Cotylocera Michaelseni Ritter-Záhony, 1907.

Les trois premières proviennent des expéditions du Dr Charcot ; les deux dernières ont été trouvées dans le détroit de Magellan et les îles Falkland.

Nous avons vu que *Stylochoïdes* se rapproche d'*Oligocladus* et surtout de *Cotylocera*, qu'*Enterogonimus* a des affinités avec *Cycloporus* et surtout avec *Laidlawia* et que *Leptoteredra* possède des caractères des genres

Aceros, *Olygocladus* et *Laidlawia*. Tous ces genres, par conséquent, se rapprochent plus des Euryleptides que d'aucune autre famille. Ils ressemblent aux Euryleptides notamment par leur aspect extérieur, par la position relative de la bouche, des orifices mâle et femelle et de la ventouse, par la disposition des yeux, par la forme du pharynx et de sa gaine, par la disposition générale de l'appareil mâle.

Mais, d'autre part, ces cinq genres possèdent un certain nombre de caractères communs qui les éloignent des Euryleptides, ce sont :

1° Ovaires peu nombreux et de grande dimension; 2° absence de glandes utérines ; 3° pénis sans stylet; 4° utérus peu développés ou absents ; 5° intestin principal s'étendant en avant du cerveau (sauf chez *Leptoteredra*), avec branches intestinales peu nombreuses (trois à treize paires), à ramifications non anastomosées. — Le tableau suivant, mieux que toute description, mettra en évidence les rapports et les différences qui existent entre ces cinq genres :

STYLOCHOÏDES.	COTYLOCERA.	ENTEROGONIMUS.	LAIDLAWIA.	LEPTOTEREDRA.
2 tentacules.	2 tentacules.	Pas de tentacules.	Pas de tentacules.	Pas de tentacules.
Ventouse puissante.	Ventouse puissante.			
Gaine pharyngienne très longue.	Gaine pharyngienne très longue.	Gaine pharyngienne courte.	Gaine pharyngienne courte.	Gaine pharyngienne courte.
7 à 8 paires de branches intestinales.	3 à 4 paires de branches intestinales.	13 p. de branches intestinales.	7 paires de branches intestinales.	5 paires de branches intestinales.
				1 pore intestinal dorsal.
23 ovaires.	Ovaires peu nombreux.	46 ovaires.	10 ovaires.	11 ovaires.
			1 vésicule terminale.	
Pas d'utérus.	2 utérus.	2 utérus.	Pas d'utérus.	Pas d'utérus.
		2 réceptacles séminaux.	2 réceptacles séminaux.	
		2 canaux génito-intestinaux.	1 canal génito-intestinal.	
Pas de vésicule séminale.	Pas de vésicule séminale.	1 vésicule séminale.	1 vésicule séminale.	1 vésicule séminale.
Pas de vésicule des gl. granuleuses.	1 vésicule des glandes granuleuses.	1 vésicule des glandes granuleuses.	1 vésicule des glandes granuleuses.	1 vésicule des glandes granuleuses.
1 vésicule accessoire.				

La question qui se pose maintenant est la suivante : ces formes, à ovaires peu nombreux, n'ont-elles que des affinités lointaines avec les Euryleptides ; constituent-elles, autrement dit, un groupe autonome qui se serait développé parallèlement au groupe des Euryleptides à ovaires petits et multiples, ou bien chacune de ces formes est-elle en relation étroite avec une autre forme d'Euryleptide, les différences de son organisation avec l'organisation de son alliée résultant d'adaptations à des conditions éthologiques différentes ?

Cette question est importante au point de vue des affinités et, par suite, de la systématique, qui doit être une traduction aussi exacte que possible des affinités.

Si la question était résolue dans le premier sens, il conviendrait de faire des cinq genres en question une famille à part.

Si la question était résolue dans le deuxième sens, la création d'une sous-famille serait bien suffisante. Malheureusement cette question n'est pas susceptible d'être résolue dans l'état actuel de nos connaissances.

Si nous considérons que les genres en question sont peu nombreux, incomplètement connus, qu'ils n'ont qu'une distribution géographique restreinte et enfin que la plupart rappellent, par un certain nombre de caractères, des genres bien définis appartenant à la famille des Euryleptides, il me paraît prudent, en attendant que la faune des Polyclades des mers du Sud soit mieux connue, de les considérer comme des Euryleptides ayant subi des mutations.

Je suis donc d'avis de classer provisoirement ces cinq genres dans une sous-famille des Euryleptides.

Pour faire entrer les genres en question dans la famille des Euryleptides, caractérisée avec tant de précision par Lang (**1884**), il suffit de modifier légèrement la diagnose de cet auteur. Je traduis ci-dessous cette diagnose, en mettant en italiques les quelques additions nécessitées par la découverte des genres nouveaux.

Famille EURYLEPTIDÆ Lang.

« Cotylés à corps ovale, lisse ou garni de papilles, avec tentacules frontaux laciniformes, qui, chez quelques formes, sont rudimentaires ou manquent entièrement. Cerveau dans le voisinage de l'extrémité antérieure, derrière les tentacules. Bouche voisine de l'extrémité antérieure du corps, immédiatement en arrière du cerveau ou (dans un genre) un peu en avant du cerveau. Pharynx cylindrique, dirigé en avant. Gaine pharyngienne en forme de tube. La plus grande partie de l'intestin principal derrière la gaine pharyngienne, une très faible partie seulement au-dessus de son extrémité postérieure. Nombre des branches intestinales paires très variable. Rameaux intestinaux anastomosés ou simplement ramifiés. Appareil copulateur mâle toujours simple, dirigé en avant, immédiatement en arrière de la gaine pharyngienne, ou sous celle-ci, s'ouvrant au dehors avec la bouche dans un genre; mais toujours placé en arrière de la bouche. Un antrum et une gaine du pénis. Pénis avec *ou sans* stylet rigide. Les canaux déférents s'ouvrent, *en général*, à l'extrémité aveugle d'une vésicule séminale, et celle-ci dans le canal éjaculateur du pénis. *La vésicule séminale manque rarement.* Entre la vésicule séminale et le pénis débouche le conduit excréteur d'une vésicule des glandes granuleuses piriforme *qui fait défaut dans un genre.* Appareil copulateur femelle entre la ventouse et l'appareil copulateur mâle, presque toujours en arrière de la gaine pharyngienne, avec antrum femelle. Un grand canal utérin *ou un oviducte dorsal* non ramifié des deux côtés de l'intestin principal. Nombre des glandes utérines, *quand celles-ci existent*, considérablement réduit par rapport à celui des Pseudocérides, fréquemment seulement deux. Ventouse au milieu de la face ventrale ou un peu en arrière. Yeux en un double groupe cervical, s'étendant parfois considérablement en avant et en arrière au-dessus du cerveau. Yeux sur les tentacules et à leur base, ou, quand les tentacules manquent, sur le bord antérieur du corps. Formes délicates, élégantes, le plus souvent teintées d'une façon remarquable par la couleur des branches intestinales ou par le pigment du parenchyme. »

On voit que les modifications que j'apporte à la diagnose de Lang ne sont ni nombreuses ni importantes.

Les deux sous-familles que je propose sont les suivantes :

1. Sous-Famille **Prosthecereinæ**.

Euryleptides à ovaires nombreux, pourvus de glandes utérines, d'un pénis à stylet rigide, d'une vésicule séminale et d'une vésicule des glandes granuleuses.

Cette sous-famille correspond aux Euryleptides de Lang.

2. Sous-Famille **Laidlawiinæ**.

Euryleptides à ovaires peu nombreux, de grande dimension et à double fonction, dépourvus de glandes utérines, à utérus peu développés ou absents, à pénis sans stylet, avec ou sans vésicule séminale et vésicule des glandes granuleuses, à intestin principal s'étendant en avant du cerveau (excepté *Leptoteredra*), à rameaux intestinaux non anastomosés.

1.	Une vésicule séminale et une vésicule des glandes granuleuses	(2)
	Pas de vésicule séminale	(4)
2.	Pas de pore intestinal dorsal	(3)
	Un pore intestinal dorsal	*Leptoteredra.*
3.	Deux canaux génito-intestinaux	*Enterogonimus.*
	Un canal génito-intestinal	*Laidlawia.*
4.	Une vésicule des glandes granuleuses	*Cotylocera.*
	Pas de vésicule des glandes granuleuses, une vésicule accessoire	*Stylochoïdes.*

TRICLADES MARICOLES

Les Triclades maricoles recueillis pendant la première expédition française commandée par le Dr J. Charcot sont :

Procerodes Wandeli Hallez, 1906 et 1907.
Procerodes marginata Hallez, 1907.

D'autre part, l'expédition antarctique belge, commandée par A. de

Gerlache de Gomery, a permis à L. Böhmig de faire connaître l'organisation de :

Procerodes Wandeli Hallez = *Procerodes Gerlachei* Böhmig, 1907 et 1908.
Procerodes Hallezi Böhmig, 1908.

Les Triclades maricoles provenant de la deuxième expédition française sont :

Synsiphonium Liouvilli Hallez, 1912.

et de nombreux exemplaires de *Procerodes* qui m'ont permis de reconnaître que l'espèce de Böhmig est distincte de *Pr. Wandeli* et doit, par conséquent, conserver le nom sous lequel Böhmig l'avait primitivement désignée en 1907.

Famille **PROCERODIDÆ**.

Genre **Procerodes** Girard.

L. Böhmig (**1908**) a cru devoir diviser la famille des *Procerodidæ* en deux sous-familles : *Euprocerodinæ* avec le genre *Procerodes*, et *Stummerinæ* avec le genre *Stummeria* (*Stummeria marginata* = *Procerodes marginata* Hallez). J'ai, dans un autre mémoire (**1910**, p. 656), exposé les raisons qui ne me permettent pas d'adopter le genre *Stummeria* et la division des *Procerodidæ* en deux sous-familles.

J'avais d'ailleurs pris soin de donner (**1907**, p. 22) une diagnose du genre *Procerodes* un peu élargie, permettant d'y faire entrer le *Procerodes marginata*, diagnose qui a ainsi l'avantage de permettre de grouper, sous un même nom générique, un plus grand nombre de formes dont les affinités étroites sont évidentes. Je reproduis ici cette diagnose :

« Procérodides à canaux déférents ne se réunissant pas hors du pénis en un canal commun ; à pénis non armé ; à oviductes s'ouvrant dans le canal utérin en un point plus ou moins rapproché de l'utérus, soit séparément, soit après s'être réunis en un conduit impair ; à ramifications intestinales non anastomosées. »

Parmi les très nombreux individus du genre *Procerodes* qui ont été recueillis durant les deux expéditions antarctiques du Dr J. Charcot, il ne se trouve pas un seul *Pr. Ohlini* Bergendal.

Cette espèce paraît bien propre au Sud-Amérique. Elle a été recueillie, en nombreux exemplaires, dans le canal de Smyth, à Punta Arenas, à Uschnaïa (Terre de Feu), à l'île Navarin (Puerto Toro), au cap Horn. C'est également dans cette même région qu'ont été trouvés les exemplaires rapportés par l'expédition de la « Belgica » ; ils proviennent de Port-Famine, détroit de Magellan, Magallanes. Si *Pr. Ohlini* vivait plus au sud, il aurait certainement été rencontré soit par les naturalistes de l'expédition de la « Belgica », soit par ceux des expéditions françaises.

A côté de cette espèce très répandue dans la région de la Terre de Feu, il faut citer le *Procerodes Hallezi* Böhmig (**1908**), dont on ne connaît qu'un seul exemplaire trouvé sur la rive plate, sablonneuse, dans la baie de Lapataïa, dans le canal de Beagle (Terre de Feu), et qui, pas plus que *Pr. Ohlini*, n'a été recueilli dans les mers antarctiques.

Si les deux espèces précédentes peuvent être considérées comme caractéristiques de la faune de l'Extrême-Sud-Amérique, les *Procerodes Wandeli* Hallez et *Gerlachei* Böhmig peuvent être cités comme caractéristiques de la faune des mers antarctiques.

Procerodes Wandeli Hallez 1906 et 1907 et **Procerodes Gerlachei** Böhmig 1907 et 1908.

(Pl. I, fig. 1, 2, 3, 7 et 8.)

Fiches. — No 132. Deux exemplaires.

No 137. Ile Wandel. Février 1909. Trente-trois individus.

No 139. Ile Wandel. Février 1909. En grand nombre sous les cailloux du littoral sud. Six individus.

No 194. Un exemplaire.

No 332. Ile Petermann, 20 octobre 1909. Roches à fleur d'eau. *Coloration : trois exemplaires couleur aubergine au fond du flacon et un exemplaire gris de zinc au-dessus.* Les deux variétés dessinées et peintes le 21 octobre 1909 par le Dr Liouville.

No 340. Ile Petermann, 29 octobre 1909. Grève nord-est. Trouvés sous la roche et sous une expansion foliacée du thalle d'une Gigartinacée (*Kallymenia* ou *Iridea*? Floridées). *Coloration : feuille morte*; et tout à fait au bas du flacon un exemplaire à face dorsale pourprée et ventre orange. Vingt-neuf exemplaires.

N° 700. Baie de l'Amirauté. Ile du Roi-George. Basse marée du 26 décembre 1909. *Coloration : dos gris de fer et ventre gris pâle*. Trois exemplaires.

N° 701. Baie de l'Amirauté. Ile du Roi-George. Basse marée du 26 décembre 1909. Soixante-dix exemplaires.

N° 704. Baie de l'Amirauté. Ile du Roi-George. 26 décembre 1909. Six exemplaires. *Coloration : cinq exemplaires gris de fer ; un exemplaire blanc sale.*

Les exemplaires couleur aubergine du n° 332 sont des *Procerodes Gerlachei* (Pl. I, fig. 1, 2 et 3); l'exemplaire gris de zinc du même tube est un *Synsiphonium Liouvilli* (Pl. I, fig. 4).

Les exemplaires des autres numéros, qui sont notés comme ayant une coloration gris de fer, sont des *Procerodes Wandeli*. Quand il n'y a pas d'indication de coloration, il peut se faire que le même tube contienne un mélange des deux *Procerodes*.

L'individu à face dorsale pourprée et ventre orange du n° 340 est une Némerte que j'ai envoyée à mon collègue le professeur L. Joubin.

La lecture des fiches montre que les *Procerodes* des mers antarctiques vivent en grand nombre sous une même pierre, comme les espèces de nos climats, que *Pr. Gerlachei*, *Pr. Wandeli* et *Synsiphonium Liouvilli* vivent côte à côte et qu'enfin de ces trois espèces c'est *Pr. Wandeli* qui paraît être la plus commune.

Dans une note préliminaire que j'ai publiée en **1906** sur les Triclades maricoles de l'Expédition Charcot, note qui est passée d'autant plus inaperçue que je n'en ai pas eu de tirés à part, j'ai donné une description sommaire du *Procerodes Wandeli*. En **1907**, L. Böhmig publia son travail sur la spermatogenèse du *Procerodes Gerlachei*. La même année, parut le résultat de mes recherches sur les Polyclades et les Triclades maricoles de l'Expédition Charcot. Frappé de la ressemblance qui existait entre les organes copulateurs de son espèce et de celle que je décrivais, L. Böhmig m'écrivit pour me demander si je ne croyais pas que les exemplaires de l'expédition belge et ceux de l'expédition française n'appartenaient pas à la même espèce. Je lui répondis qu'en effet ils se ressemblaient beaucoup et, se conformant aux règles de la nomenclature, L. Böhmig publia, en **1908**, sa belle étude sur son *Procerodes*, qu'il nomma *Pr. Wandeli* = *Pr. Gerlachei*.

La première expédition française n'avait donné aucune indication sur l'aspect et la coloration des animaux vivants. Les exemplaires de la deuxième expédition furent mieux annotés, et notamment les aquarelles, faites d'après nature par le Dr Liouville, me furent très précieuses. Grâce aux fiches plus complètes, je pus faire des coupes sur les individus signalés comme ayant des colorations différentes, et je reconnus ainsi que *Pr. Wandeli* et *Pr. Gerlachei* sont deux espèces, voisines assurément, mais néanmoins distinctes. J'en avertis aussitôt (mars 1911) L. Böhmig et le prévins que je ferai la rectification lors de la publication des résultats de la deuxième expédition.

L. Böhmig, dans son beau mémoire de **1908** (p. 22), a fait observer que ma figure des organes copulateurs diffère de la sienne en plusieurs points si importants qu'il a douté si, malgré de grandes concordances, il ne s'agissait pas de deux espèces. Si la forme du pénis et la position si remarquable de l'utérus plaidaient en faveur de la réunion des deux espèces, d'autre part, en effet, le diverticule vésiculeux du conduit utérin, si net chez *Pr. Gerlachei*, n'existait pas dans l'exemplaire de l'île Wandel.

Les coupes que j'ai faites, sur des exemplaires provenant de la deuxième expédition française, m'ont montré que, chez certains individus de *Pr. Wandeli*, l'oviducte commun n'aboutit pas toujours directement à la partie proximale de la vésicule utérine, comme dans l'exemplaire qui a servi à la reconstitution que j'ai publiée et dont la fixation était défectueuse, mais parfois à un prolongement postérieur du canal utérin, assez court et non vésiculeux, mais entouré de glandes piriformes comme le canal utérin qui aboutit à l'orifice génital.

Grâce aux coupes que j'ai pu faire sur des *Pr. Gerlachei* authentiques, je me suis rendu compte des différences qui existent dans cette partie de 'organe copulateur chez les deux espèces. Ces différences ne sont pas aussi importantes que les reconstitutions données par Böhmig et par moi pourraient le laisser supposer.

En résumé, les deux espèces sont extrêmement voisines l'une de l'autre; elles se distinguent cependant surtout par des caractères extérieurs, très nets chez les animaux vivants, mais bien difficiles à saisir sur les animaux conservés.

Le plus important de ces caractères, c'est la coloration aujourd'hui bien établie. D'après les notes qui ont été remises à Böhmig, la face dorsale de *Pr. Gerlachei* vivant a une couleur d'un violet obscur profond (*atro violaceus*); la face ventrale est jaunâtre. D'après les notes et les aquarelles de Liouville, l'animal vivant est couleur aubergine. Les deux indications sont donc bien concordantes.

D'autre part, d'après les indications de Liouville, *Pr. Wandeli* vivant est couleur gris de fer, exceptionnellement couleur feuille morte.

Je dois ajouter que l'aquarelle de Liouville indique une marge blanche sur les bords du corps de *Pr. Gerlachei*, marge qui n'existe pas chez *Pr. Wandeli*, mais que j'ai retrouvée sur quelques exemplaires conservés de *Pr. Gerlachei*.

Les deux espèces, à l'état vivant, sont donc fort facilement reconnaissables; malheureusement il n'en est plus de même quand il s'agit d'exemplaires conservés.

Les taches claires, qui existent sur la ligne médiane dorsale des deux espèces, et qui se conservent bien en général sur les animaux fixés, ne peuvent pas être utilisées comme caractères distinctifs, car elles présentent des variations individuelles.

Les aquarelles de Liouville montrent que, chez *Pr. Gerlachei*, les taches dorsales sont d'un blanc jaunâtre, qu'il en existe une à l'extrémité postérieure, une au milieu du dos, une plus allongée à la naissance de la partie antérieure amincie et une en forme de V renversé à l'extrémité antérieure. Sur les animaux conservés, j'ai constaté sur le dos une ligne médiane plus claire avec trois taches : une antérieure, une moyenne et une postérieure. C'est à peu près ce qu'a observé Böhmig sur ses exemplaires conservés. Il indique qu'à l'extrémité postérieure du corps se trouve presque toujours une petite tache blanchâtre; deux ou trois semblables taches claires, qui peuvent se joindre en une ligne longitudinale, sont, dit-il, parfois visibles sur le milieu du dos. Il ajoute que le milieu de la pointe antérieure du corps montre une coloration blanchâtre ou gris argentin, et que celle-ci est aussi sur les parties latérales, où se trouvent les yeux, et qui cependant sont séparées par de fines traînées pigmentaires de la tache médiane, et non pas aussi confluentes avec celle-ci que je l'avais signalé chez *Pr. Wandeli.*

Or *Pr. Wandeli* présente à peu près la même disposition des taches claires. De nombreux individus sont marqués de trois taches : une antérieure, une au milieu du dos, la troisième à l'extrémité postérieure. Mais certains individus n'ont que les taches antérieure et postérieure, d'autres enfin n'ont qu'une seule tache, l'antérieure, ou plus rarement la postérieure. La tache la plus constante est l'antérieure, qui, presque toujours, lorsque l'extrémité antérieure n'est pas trop contractée, se prolonge latéralement, formant les deux taches au fond desquelles se trouvent les yeux.

La forme du corps paraît être à peu près la même dans les deux espèces. D'après les aquarelles de Liouville, le corps de *Pr. Gerlachei* vivant, allongé et aminci en avant, s'élargit progressivement jusqu'à l'extrémité postérieure, qui est arrondie (Pl. I, fig. 1 et 2). Les animaux conservés sont très diversement contractés, mais présentent, en général, une partie céphalique atténuée (Pl. I, fig. 3). N'ayant pas d'indication relative à la forme de *Pr. Wandeli* vivant, il est fort difficile de décider, d'après les exemplaires conservés, ce qu'elle peut être. En général, l'extrémité céphalique est moins atténuée que dans l'autre espèce (Pl. I, fig. 7). J'ai cependant reproduit (Pl. I, fig. 8) l'aspect d'un exemplaire qui ne diffère guère de celui représenté Pl. I, fig. 3, et qui est intéressant parce qu'il présentait deux pharynx saillants. Les coupes m'ont montré que ces deux pharynx s'ouvrent dans la branche intestinale impaire antérieure. C'est une anomalie qui n'est pas rare chez les Triclades.

Si la forme du corps n'est pas très différente dans les deux espèces, il en est de même des dimensions. Les exemplaires de *Pr. Gerlachei* de Böhmig mesurent 4 à 6 millimètres et ont une largeur de $2^{mm},5$ à $3^{mm},3$.

Les miens ont jusqu'à 8 millimètres en longueur et 3 millimètres en largeur. Or la longueur de *Pr. Wandeli* est de 6 à 8 millimètres ; sa largeur, 2 à 4 millimètres vers la partie postérieure du corps.

Quant à la position relative des orifices buccal et génital dans les deux espèces, j'ai renoncé à l'établir à cause des grands écarts que j'ai constatés d'un individu à l'autre, écarts qui résultent des divers états de contraction des exemplaires.

FAMILLE : **BDELLOURIDÆ.**

Aux genres *Bdelloura* Leidy (**1851**) et *Syncælidium* Wheeler (**1894**), L. BÖHMIG (**1906**) a joint le genre *Uteriporus* Bergendal (**1896**) à la famille des Bdellourides, qu'il caractérise ainsi :

En avant de l'appareil copulateur mâle ou latéralement à celui-ci, se trouvent un ou deux *receptacula seminis*, qui s'ouvrent au dehors par des pores particuliers et sont unis aux oviductes par des conduits spéciaux. Le nombre des orifices génitaux s'élève par conséquent à deux ou trois.

Avec raison, L. BÖHMIG a subdivisé les *Bdellouridæ* en deux sous-familles, pour marquer les rapports particulièrement étroits qui existent entre *Bdelloura* et *Syncælidium*. Ces sous-familles, il les caractérise de la manière suivante :

1. SOUS-FAMILLE : **Uteriporinæ.**

Un *receptaculum seminis* médian, situé en avant de l'organe copulateur mâle. Avec rhabdites dans l'épiderme. Genre : *Uteriporus*.

2. SOUS-FAMILLE : **Eubdellouridæ.**

Deux *receptacula seminis* en avant de l'organe copulateur mâle, de chaque côté du plan médian. Sans rhabdites dans l'épiderme. Genres : *Bdelloura*, *Syncælidium*, auxquels L. BÖHMIG ajoute quelques formes insuffisamment caractérisées.

C'est à cette sous-famille que doit être rattaché le nouveau genre *Synsiphonium* (1) que je vais décrire.

(1) De σύν, avec, et σιφώνιον, petit tuyau, allusion aux *receptacula seminis* tubuleux, en connexion

Les espèces du genre *Bdelloura* Leidy et le *Syncœlidium pellucidum* Wheeler, qui, jusqu'ici, constituaient à eux seuls la sous-famille des Eubdellourides, sont ectoparasites de *Limulus*, genre confiné dans l'hémisphère boréal et ne paraissant pas s'élever au delà du 44° de latitude nord. *Synsiphonium*, sans parler de ses particularités anatomiques, est donc doublement intéressant, parce qu'il vit en liberté et qu'il habite les mers antarctiques.

Diagnoses des genres des Eubdellourides.

Afin de permettre une comparaison plus facile des caractères de *Synsiphonium* avec ceux des autres Eubdellourides, je donne les diagnoses que Wheeler (**1894**) a assignées aux genres *Bdelloura* et *Syncœlidium*, en les modifiant légèrement, de façon à y faire figurer les caractères des réceptacles séminaux.

Bdelloura. — Espèce de 8 à 15 millimètres, ectoparasites de *Limulus*, à intestin triclade typique, à extrémité postérieure élargie en un disque glandulaire, à extrémité antérieure rétrécie et se terminant en pointe quand l'animal est en extension, à testicules nombreux, à pénis acuminé avec une large base, à *receptacula seminis* vésiculeux, reliés chacun, par un court canal transversal, à l'oviducte correspondant.

Syncœlidium. — Espèce petite (3 millimètres), ectoparasite de *Limulus*, à branches paires de l'intestin réunies en une branche impaire postérieure, ayant les deux extrémités du corps semblables, terminées en pointe quand l'animal est en extension, à testicules peu nombreux (quatorze de chaque côté), à pénis en forme de baril, à *receptacula seminis* vésiculeux.

Synsiphonium. — Espèce de petite taille (5 millimètres), non parasite, à intestin triclade normal, à extrémité postérieure arrondie sans disque glandulaire, à extrémité antérieure légèrement atténuée, à testicules nom-

avec les oviductes tout près des ovaires. Je dédie l'espèce au Dr J. Liouville, qui l'a récoltée et en a fait un dessin à l'aquarelle d'après l'animal vivant.

En créant le genre *Syncœlidium*, Wheeler a fait allusion à la confluence des branches intestinales postérieures (σύν, ensemble, et κοιλίδιον, petit intestin). Mais κοιλίδιον signifie aussi petit creux, ventricule, et peut ainsi s'appliquer aux *receptacula seminis*, qui sont sphériques et d'une dimension restreinte comparée à celle de *Synsiphonium*. Dès lors les noms *Syncœlidium* et *Synsiphonium* rappellent les caractères distinctifs les plus saillants de ces deux formes d'Eubdellourides.

breux, à pénis acuminé avec une large base bulbeuse, à *receptacula seminis* très longs, en relation avec les oviductes à leur sortie de l'ovaire.

Mers antarctiques.

L'étude anatomique qui suit montrera que *Synsiphonium* se rapproche : 1° de *Bdelloura* par ses testicules nombreux, par la constitution de son organe copulateur mâle, par la disposition de son intestin ; 2° de *Syncælidium* par l'absence d'un disque glandulaire postérieur et d'une capsule fibreuse cérébrale et par la taille ; elle montrera aussi que les caractères propres de cette espèce sont le grand développement longitudinal de ses *receptacula seminis*, son habitat, sa vie libre.

Synsiphonium Liouvilli Hallez (1911).

Fiches. — N° 320. « Ile Petermann. N. E. Plage des Cairns. 16 décembre 1909. *Coloration : gris de zinc* (Bouin). Deux exemplaires recueillis sous de gros galets par 0m,50 de fond. »

N° 332. « Ile Petermann. 20 décembre 1909. Roches à fleur d'eau. *Un exemplaire gris de zinc*. Un dessin à l'aquarelle fait, d'après l'animal vivant, par le Dr J. Liouville. »

Extérieur (Pl. I, fig. 4, 5 et 6). — Les trois exemplaires recueillis par le Dr J. Liouville, à l'île Petermann, sous les galets, étaient d'une couleur gris de zinc pâle. Cette coloration est profondément modifiée chez les exemplaires conservés ; la face dorsale est d'un brun fauve, et la face ventrale présente une légère teinte brunâtre, beaucoup plus claire que celle du dos.

La longueur maxima des animaux conservés n'atteint pas 5 millimètres, et leur largeur, à la partie postérieure du corps, ne dépasse pas 4 millimètres. L'extrémité antérieure, arrondie comme la postérieure, mais un peu moins large sur le vivant, est atténuée sur les exemplaires conservés, dont le contour est presque triangulaire. Il est donc probable que, chez l'animal vivant en extension, l'extrémité antérieure est terminée en pointe comme chez *Bdelloura* et *Syncælidium*. Chez les individus conservés, les bords du corps ne sont que faiblement repliés ventralement à la partie postérieure ; la face ventrale est concave, le dos est convexe.

Synsiphonium possède deux yeux ; il n'a pas de tentacules. La bouche se trouve vers le commencement du quatrième quart du corps. Le pore génital est à une faible distance de l'extrémité postérieure. Par l'absence d'un disque adhésif postérieur, *Synsiphonium* se rapproche plutôt de *Syncœlidium* que de *Bdelloura*.

TÉGUMENTS ET MÉSENCHYME (Pl. VIII, fig. 67). — Comme chez les autres Eubdellourides, l'épiderme est dépourvu de rhabdites. Cet épiderme cilié est, en général, mal conservé dans mes exemplaires. Sa hauteur est d'environ $0^{mm},020$. Il est dépourvu de pigment. Les noyaux des cellules épidermiques ont $0^{mm},004$ à $0^{mm},005$ de diamètre. Sous la fine membrane basale, se trouve une couche de fibres musculaires circulaires dont l'épaisseur est de $0^{mm},012$ à $0^{mm},015$. La couche des fibres musculaires longitudinales, qui vient ensuite, est notablement plus développée sur la face ventrale que sur la face dorsale ; ventralement son épaisseur est de $0^{mm},028$ à $0^{mm},030$; dorsalement elle n'est que de $0^{mm},012$ à $0^{mm},015$. Les faisceaux longitudinaux sont serrés les uns contre les autres ; ils ne sont séparés que par une mince cloison de mésenchyme à noyaux nombreux. Chaque faisceau comprend un assez grand nombre de fibres. Dans certaines coupes, on observe, entre la couche des fibres circulaires et celle des fibres longitudinales, quelques fibres entre-croisées avec noyaux aplatis parallèlement à la surface du corps. Des fibres dorso-ventrales s'observent comme chez les autres Triclades.

Les divers organes sont si bien serrés les uns contre les autres que le mésenchyme n'apparaît, dans les coupes, que sous forme de lamelles. Il en est de même, d'après WHEELER, chez *Syncœlidium pellucidum*.

Toutefois, comme dans cette dernière espèce d'ailleurs, le mésenchyme est assez abondant sur les bords du corps, où se trouvent de nombreuses cellules glandulaires.

SYSTÈME NERVEUX (Pl. VIII, fig. 68). — Je n'ai pas fait une reconstitution du système nerveux qui, dans ses grandes lignes au moins, ressemble beaucoup à celui de *Syncœlidium* décrit par WHEELER.

Comme celui de *Syncœlidium*, le cerveau est dépourvu de capsule fibreuse. Sa largeur est de $0^{mm},048$. Il se prolonge en avant sous forme de deux cornes, longues d'environ $0^{mm},080$, d'où partent plusieurs nerfs qui se ramifient dans la région antérieure du corps, et deux nerfs optiques très courts. Ces deux cornes sont réunies entre elles par trois commissures. En arrière, le cerveau présente aussi deux prolongements, dont le diamètre diminue progressivement. Ce sont les racines des nerfs longitudinaux ventraux, lesquels s'étendent jusqu'à l'extrémité postérieure du corps.

Un nerf marginal, comme chez *Syncælidium*, plus mince que les cordons principaux, fait le tour du corps. Les coupes longitudinales, passant par le nerf marginal, montrent que celui-ci envoie des filets aux téguments et dans le mésenchyme.

Des nerfs latéraux ventraux réunissent les nerfs longitudinaux au nerf marginal. Ces commissures, toujours paires, se rencontrent à des distances variant de $0^{mm},060$ à $0^{mm},120$. J'en ai noté cinq paires dans la région des ovaires, mais, à mesure qu'on s'éloigne de la région antérieure, les nerfs latéraux pairs sont plus espacés. Ces nerfs latéraux donnent dorsalement des ramifications qui se perdent dans le mésenchyme.

D'autre part, les nerfs longitudinaux principaux sont réunis entre eux par des commissures qui correspondent à peu près aux nerfs latéraux.

Quant aux organes sensoriels, il n'y a à citer que les deux yeux.

Appareil digestif. — La bouche se trouve vers le commencement du quatrième quart du corps. La gaine du pharynx se prolonge un peu en arrière de l'orifice buccal (Pl. VIII, fig. 68). Le pharynx est cylindrique. Sa partie libre dans la gaine intéresse quatre-vingts coupes de $0^{mm},006$, ce qui permet de lui attribuer une longueur de $0^{mm},480$. Sa structure est celle bien connue du pharynx des autres Triclades. De nombreuses et longues cellules glandulaires, situées en avant du pharynx et sur les côtés, pénètrent dans les parois de cet organe.

De la branche intestinale antérieure impaire partent onze paires de rameaux secondaires ; ceux-ci se ramifient, de sorte que, dans la région antérieure du corps, l'intestin est légèrement dendrocœlique. Les branches paires postérieures ne s'unissent pas entre elles en arrière des organes copulateurs, comme cela a lieu chez *Syncælidium* ; elles donnent naissance chacune, sur le bord externe, à dix ou douze rameaux secondaires qui se bifurquent, mais ne se ramifient guère.

La structure histologique de l'intestin ne présente rien de particulier.

ORGANES FEMELLES. — *Ovaires* (Pl. VIII, fig. 68). — Les deux ovaires sont situés, suivant la règle, immédiatement en arrière du cerveau. Pas plus que chez *Syncœlidium*, il n'existe de parovarium. Le diamètre dorso-ventral de l'ovaire est de $0^{mm},480$; ses diamètres antéro-postérieur et transversal sont de $0^{mm},200$ à $0^{mm},225$. La zone germinative occupe la région postérieure et interne de l'ovaire. L'ooplasme des ovocytes contient des globules éosinophiles.

Lécithogènes. — Ils sont situés entre les lobes de l'appareil digestif, occupant preque toute l'épaisseur du corps, leur partie renflée étant dorsale. On les observe depuis la région ovarienne jusque vers l'extrémité postérieure du corps.

Si les ovaires et les lécithogènes ne présentent rien de particulier, il n'en est pas de même des conduits qui aboutissent aux ovaires.

Entonnoirs ovariens (Pl. IX, fig. 73, 74, 75, 77 et 78). — Dans l'angle externe et antérieur de chaque ovaire, à l'opposé par conséquent de la zone germinative, se trouve un amas de tissu conjonctif lâche, riche en cellules, dans lequel est creusé un entonnoir cilié, d'un diamètre de $0^{mm},110$ à $0^{mm},120$. Les cellules qui forment la paroi de l'entonnoir sont columnaires et ciliées ; elles se colorent plus fortement par l'éosine que les cellules conjonctives environnantes. Dans mes exemplaires, le pavillon de l'entonnoir présente une lumière assez étroite (Pl. IX, fig. 74), qui est en continuité avec les méats du tissu conjonctif lâche (Pl. IX, fig. 73). La lumière du pavillon s'élargit progressivement dans l'entonnoir pour diminuer de nouveau dans le voisinage de l'oviducte qui fait suite à l'entonnoir.

Oviductes. — Les cellules columnaires de l'entonnoir passent insensiblement aux cellules cubiques de l'oviducte, hautes seulement de $0^{mm},010$. Celles-ci portent des cils vibratiles dirigés vers la partie postérieure du corps (Pl. IX, fig. 75).

Chaque oviducte est un canal étroit, dont la lumière est de $0^{mm},012$, très peu sinueux. A sa sortie de l'ovaire, il est ventralement situé par rapport à ce dernier ; il se dirige d'abord en arrière, en restant presque adjacent à l'ovaire (Pl. IX, fig. 77, 78), puis il s'étend transversalement, immédiatement en arrière de l'ovaire, en se dirigeant vers la partie latérale du corps. C'est au point où l'oviducte prend sa direction transversale, c'est-à-dire tout près de l'ovaire, qu'il reçoit le canal du *receptaculum seminis* (Pl. IX, fig. 78, et Pl. VIII, fig. 68). En se dirigeant transversalement et obliquement vers l'arrière du corps, l'oviducte passe au-dessus du tronc nerveux longitudinal ; il devient latéral par rapport à celui-ci et se dirige en arrière jusque vers le niveau du pénis, recevant les vitelloductes sur son parcours. A partir du niveau du pénis, les deux oviductes se dirigent obliquement vers le plan médian, passent de nouveau au-dessus des troncs nerveux longitudinaux et vont se réunir en un oviducte commun, en un point voisin de l'extrémité postérieure du corps (Pl. VIII, fig. 68).

L'oviducte commun est revêtu d'un épithélium columnaire. C'est un canal d'un diamètre d'environ $0^{mm},060$, qui se dirige d'arrière en avant et va s'ouvrir dans la région postérieure amincie de l'atrium (Pl. VIII, fig. 72). L'oviducte commun est entouré par la musculature de l'atrium ; il reçoit de nombreuses glandes unicellulaires.

En arrière du point de jonction des deux oviductes et communiquant avec l'oviducte commun dont il semble être un prolongement, se trouve un cæcum d'une longueur d'environ $0^{mm},060$, à lumière étroite. La structure de ce cæcum est la même que celle de l'oviducte commun. Comme ce dernier, il est entouré d'une gaine musculeuse et de glandes unicellulaires. Par ses connexions, ce cæcum semble représenter un utérus très rudimentaire, organe complètement absent chez *Bdelloura* et *Syncœlidium* (Pl. VIII, fig. 68).

Réceptacles séminaux. — Le caractère essentiel de *Synsiphonium*, celui qui m'a forcé à créer un nouveau nom générique, c'est le caractère tiré des réceptacles séminaux.

Wheeler (**1894**) a décrit, chez *Syncœlidium*, deux utérus sphériques en relation avec l'extérieur chacun par un canal assez court, disposition semblable à celle des *Bdelloura*. Böhmig (**1906**) a fait observer avec raison que les organes, désignés sous le nom d'utérus par Wheeler et avant lui par Graff (**1879**), sont en réalité des *receptacula seminis*. D'après Wheeler, ces organes, chez *Syncœlidium* et *Bdelloura*, ne paraissent pas avoir de connexion avec les oviductes. Böhmig, au contraire, a mis en évidence ce caractère anatomique important que, chez *Bdelloura*, chaque *receptaculum seminis* est relié à l'oviducte correspondant par un canal transversal long de 0mm,035 à 0,mm041 et d'un diamètre de 0mm,007 à 0mm,011. Chaque canal transversal s'ouvre dans la partie proximale du vagin qui est voisine du *receptaculu*

Chez *Synsiphonium*, les *receptacula seminis* sont deux longs canaux qui s'étendent depuis les ovaires jusqu'aux pores vaginaux (Pl. VIII, fig. 68). Ces derniers sont sur le même plan que le pore génital médian et à une distance de celui-ci égale à 0mm,060 dans un exemplaire, et à 0mm,080 dans l'autre. Ils sont en dedans des cordons nerveux longitudinaux, tandis que, chez *Syncœlidium*, ils sont en dehors. Chez *Bdelloura*, la position des pores vaginaux par rapport aux troncs nerveux n'a pas été déterminée. Böhmig est muet à cet égard ; d'après la figure qu'il donne (**1906**, Pl. XIX, fig. 18), les pores vaginaux sont aussi éloignés de la ligne médiane que chez *Syncœlidium*.

Au point très voisin de l'ovaire où il communique avec l'oviducte du même côté, chaque réceptacle séminal n'a qu'un diamètre de 0mm,008, mais ce diamètre augmente assez rapidement, car un peu plus loin il atteint déjà 0mm,060. Contrairement à l'oviducte, le réceptacle séminal se dirige vers le plan médian, où il s'accole à celui venant de l'autre côté du corps. Tous deux descendent alors côte à côte, en suivant le bord ventral et médian de la branche intestinale antérieure impaire. Vers le milieu du corps, ils s'écartent un peu l'un de l'autre, passent l'un à droite, l'autre à gauche de la branche intestinale impaire, à laquelle ils restent plus ou moins adjacents, jusqu'au point d'insertion du pharynx, où commencent les deux branches intestinales paires postérieures. Chaque réceptacle séminal suit alors le bord ventral de la branche intestinale correspondante, jusque vers l'extrémité postérieure du corps, où il s'ouvre au dehors par un pore vaginal étroit. Sur toute la longueur de la région pharyngienne, les réceptacles séminaux sont très sinueux, de sorte que, dans une même coupe transversale, il n'est pas rare d'observer trois de leurs sections toujours adjacentes.

Sur le long parcours de ces organes, le diamètre et la structure des canaux varient suivant les régions et permettent d'y distinguer trois parties : le vagin, le *receptaculum seminis* proprement dit et le conduit de communication avec l'oviducte.

Le vagin, presque perpendiculaire à la face ventrale, quoique légèrement oblique d'arrière en avant et de dedans en dehors, possède un épithélium cilié analogue à l'épithélium cutané, et une gaine de muscles circulaires. Son diamètre est de $0^{mm},040$ à $0^{mm},044$ dans un exemplaire, et de $0^{mm},060$ dans un autre ; sa longueur est de $0^{mm},100$ à $0^{mm},120$. Il présente, à son extrémité proximale, un étranglement comme celui qui a été signalé par L. Böhmig (**1906**) chez *Bdelloura*, puis le canal change de direction ainsi que de structure : c'est le réceptacle séminal qui commence.

Celui-ci cesse de s'éloigner de la face ventrale ; il se dirige vers la partie antérieure du corps. Il est entouré par une enveloppe fibreuse éosinophile. Son épithélium élevé et en massue sécrète une substance qui, coagulée dans les coupes, se présente sous forme de filaments éosinophiles, mais cependant plus clairs que l'enveloppe fibreuse et un peu bleuâtre. Son diamètre est alors de $0^{mm},088$, et la hauteur de son épithélium est de $0^{mm},032$ (Pl. VIII, fig. 71).

Dans leur région sinueuse, les réceptacles séminaux atteignent leur plus grand diamètre, qui est de $0^{mm},140$. Dans mes exemplaires, on observe des spermatozoïdes au milieu de la substance éosinophile ; les limites des cellules en massue ne sont plus nettes en certains endroits, mais les noyaux sont très distincts.

Au delà de la région sinueuse et à mesure qu'on se rapproche de l'ovaire, le diamètre du *receptaculum seminis* diminue graduellement jusqu'à n'être plus que de $0^{mm},060$ au point où il se dirige transversalement vers l'oviducte (Pl. VIII, fig. 70). Dans cette partie proximale du réceptacle séminal, les cellules n'ont plus de limites visibles ; la lumière du canal est entièrement remplie par les filaments éosinophiles et des paquets de spermatozoïdes. Mais, à partir du point où le réceptacle séminal prend une direction transversale pour rejoindre l'oviducte correspondant, la lumière du canal réapparaît, quoique très étroite, et elle ne contient plus de spermatozoïdes (Pl. IX, fig. 78).

Si la limite entre le vagin et le réceptacle séminal est bien marquée par la forme de l'épithélium, l'étranglement proximal du vagin et le changement de direction du réceptacle séminal, par contre la limite entre ce dernier et son canal de communication avec l'oviducte est bien moins nette. On doit considérer comme réceptacle séminal proprement dit tout le canal à épithélium sécrétant qui s'étend depuis le vagin jusqu'au point où il quitte le plan médian pour devenir transversal. Cette courte partie transversale du canal, qui présente, nous l'avons dit, une lumière, laquelle n'existe pas dans le réceptacle proprement dit, a un diamètre de $0^{mm},060$ à son origine. Mais ce diamètre diminue rapidement pour n'être plus que de $0^{mm},008$ près de l'oviducte. Le conduit de communication avec l'oviducte est donc, comme celui de *Bdelloura*, court, transversal, et son diamètre est à peu près le même dans les deux genres. Mais, tandis que chez *Bdelloura*, en raison de la forme vésiculeuse et de la dimension restreinte du réceptacle séminal, le canal transversal se trouve loin de l'ovaire et part de la partie postérieure du réceptacle, chez *Synsiphonium*, en raison de la forme tubuleuse et du grand développement longitudinal du réceptacle, le canal transversal part de l'extrémité antérieure du *receptaculum seminis* et aboutit presque à l'entonnoir ovarien.

Cette disposition des réceptacles séminaux est donc très différente dans les deux genres; elle n'est réalisée dans aucune autre forme connue ; elle montre que l'imprégnation de l'ovule doit se faire à la sortie de l'ovaire, sinon dans l'ovaire même ou dans l'entonnoir ovarien.

Organes mâles. — Les testicules sont nombreux. Situés du côté ventral, ils s'étendent depuis les ovaires jusque vers l'origine de l'organe copulateur, disposés sur trois à cinq rangs de chaque côté du corps. J'évalue leur nombre au moins à cent soixante. Sous ce rapport, *Synsiphonium* se rapproche plus des *Bdelloura* que de *Syncœlidium pellucidum*, chez lequel les testicules, très grands, ne sont, d'après Wheeler, qu'au nombre de quatorze de chaque côté du corps.

Les deux canaux déférents descendent à droite et à gauche de la gaine pharyngienne. Ils sont légèrement sinueux et aboutissent à l'organe copulateur mâle (Pl. VIII, fig. 68).

Celui-ci, situé en arrière de la gaine pharyngienne, dont il est séparé par un intervalle de $0^{mm},300$ à $0^{mm},350$, comprend un fort bulbe basal et le pénis proprement dit, petit et acuminé (Pl. VIII, fig. 72). Ce pénis ressemble par conséquent plus à celui de *Bdelloura* qu'à celui de *Syncœlidium*, qui est en forme de baril.

Entre la gaine pharyngienne et le bulbe du pénis se trouvent de très nombreuses cellules glandulaires. Ce sont les glandes du pénis, dont les longs pédicelles convergent vers la base du bulbe, dans lequel ils pénètrent.

Le bulbe est à peu près sphérique, volumineux, d'un diamètre de $0^{mm},300$ à $0^{mm},320$. Les canaux déférents, dès qu'ils pénètrent dans le bulbe, se rapprochent rapidement l'un de l'autre, de sorte que le bulbe est traversé, en son centre et sur toute sa longueur, par les deux canaux déférents, qui ne sont séparés l'un de l'autre que par une mince cloison musculaire (Pl. IX, fig. 76). Le diamètre de chaque canal déférent est de $0^{mm},010$ à $0^{mm},012$; leur épithélium est très aplati. La cloison qui les sépare est formée par l'accolement des quelques fibres circulaires propres à chaque canal. En outre, un étui de muscles circulaires, relativement épais ($0^{mm},016$) entoure les deux canaux.

La partie, relativement faible, du bulbe, qui est libre dans l'atrium, est revêtue par un épithélium pavimenteux, beaucoup moins élevé que celui de l'atrium. Puis vient une couche de fibres musculaires circulaires, qui, sauf en avant, entoure également la portion proximale, la plus volumineuse, du bulbe, plongée directement dans le mésenchyme. La hauteur de l'épithélium est de $0^{mm},008$, l'épaisseur de la couche musculaire est de $0^{mm},016$. Quelques noyaux, allongés dans la direction des fibres, s'observent à l'intérieur de cette couche musculaire, ainsi que dans la gaine musculaire commune aux deux canaux déférents.

En dedans de la couche musculaire circulaire externe, se trouvent des fibres longitudinales et une zone de noyaux petits et fortement colorés. Une semblable zone de noyaux s'observe contre la gaine des fibres circulaires commune aux deux canaux déférents. Les deux étuis musculaires, externe et interne, sont reliés l'un à l'autre par quelques faisceaux de fibres radiaires, accompagnés eux aussi de noyaux semblables aux précédents. Ce sont les noyaux des myoblastes.

La plus grande partie du bulbe du pénis est comblée par les prolongements des glandes du pénis qui se présentent sous la forme de fibrilles délicates, très finement granuleuses, colorées par l'éosine, qui s'entrecroisent et forment des aréoles serrées. Toutes les fibrilles granuleuses convergent vers des cavités creusées dans le bulbe. Dans la partie tout à fait proximale du bulbe, ces cavités, petites et peu nombreuses, ne paraissent pas avoir de paroi propre ; leur lumière est simplement limitée par des filaments granuleux convergents et serrés les uns contre les autres. A mesure qu'on s'éloigne de l'extrémité proximale, ces réservoirs des glandes du pénis, très irréguliers de forme, se multiplient beaucoup, puis leur nombre diminue de nouveau, car ils se réunissent entre eux, de sorte que finalement il n'existe plus, à l'extrémité distale, qu'un seul canal excréteur des glandes du pénis. Si, à l'extrémité proximale du bulbe, les cavités ne semblent pas avoir de paroi propre, par contre un épithélium pavimenteux très net ne tarde pas à limiter la lumière du système cavitaire. Vers l'extrémité distale du bulbe, au point où s'insère le pénis proprement dit, le canal excréteur unique des glandes du pénis se met en relation avec le canal éjaculateur résultant de l'union des deux canaux déférents, et dont le diamètre est de $0^{mm},008$.

Le pénis est un petit cône, long de $0^{mm},120$ et large de $0^{mm},040$ à sa base, libre dans un vaste atrium génital et qui, sur les coupes longitudinales, apparaît comme un mucron fixé à l'extrémité distale du bulbe et recourbé vers la face ventrale du corps. Il comprend un épithélium externe, une couche de fibres musculaires circulaires externe, une zone de noyaux et de fibres longitudinales, une couche de fibres musculaires circulaires entourant l'épithélium qui tapisse le canal éjaculateur.

Il n'y a pas de vésicule séminale proprement dite, mais la lumière du canal éjaculateur présente, non loin de son origine, une faible dilatation dont l'épithélium est un peu plus élevé que celui du canal éjaculateur et des canaux déférents.

Atrium génital. — L'atrium génital est une vaste cavité longitudinale dont le diamètre, à la partie antérieure, est de $0^{mm},280$, et qui se rétrécit progressivement en arrière, où l'atrium se continue par le canal génital, oblique d'avant en arrière et de haut en bas, en relation avec l'orifice génital. C'est au point où commence le canal génital que débouche l'oviducte commun.

La hauteur de l'épithélium du canal génital est la même que celle des cellules épidermiques. Dans l'atrium, l'épithélium est, comme toujours, très élevé, mais, dans la partie de l'atrium qu'on peut considérer comme gaine du pénis, l'épithélium passe insensiblement à celui qui revêt la partie bulbeuse du pénis. Le canal génital et l'atrium sont entourés d'une couche de muscles circulaires. Des glandes éosinophiles débouchent dans le canal génital.

RHABDOCŒLES

Aucun *Rhabdocœle* n'a encore été signalé dans les mers antarctiques. Au cours de la campagne du « Pourquoi Pas? », il en a été recueilli quatre exemplaires. Ils sont longs de 1 à $1^{mm},5$. L'extrémité antérieure, pourvue de deux yeux, est plus large que l'extrémité postérieure. Ces animaux ont un aspect de *Plagiostomides* ; ils sont très mal conservés. Je me borne à reproduire la fiche qui les accompagne.

N° 327. — « Ile Petermann. Plage de la cabane magnétique. 21 octobre 1909. Trouvés à la face inférieure des roches toujours immergées même à marée basse (par 40 centimètres de fond). Couleur : *ocre jaune avec deux taches rouge-brique à l'extrémité antérieure.* »

OUVRAGES CITÉS

1851. J. Leidy. — Helminthological contrib., n° 3 (*Proc. Acad. Nat. Sc. Philadelphia*, vol. V).

1879. L. von Graff. — Kurze Mittheilungen über fortgesetzte Turbellarien-Studiem. II. Ueber Planaria Limuli (*Zool. Anz. z. Jahrg.*, p. 202-205).

1880. Pintner. — Untersuchungen über den Bau des Bandwurmkörpers... (*Arbeiten des zool. Instituts zu Wien*, Bd. III).

1884. A. Lang. — Die Polycladen (Seeplanarien) des Golfes von Neapel (*Fauna und Flora des Golfes von Neapel*).

1894. W. M. Wheeler. — Syncœlidium pellucidum a new marine Triclad. (*Journ. of Morphol.*, vol. IX, n° 2).

1896. Plehn. — Die Polycladen der Plankton-Expedition (*Ergebn. d. Plankton-Exp. d. Humboldt-Stiftung*, Bd. II).

1896. D. Bergendal. — Studier öfver Turbellarier. II. Om byggnaden af Uteriporus Bgdl. (*Fysiogr. Sällsk. Handl.*, Bd. VII, Lund).

1900. P. Hallez. — Zoologie descriptive, Paris (Octave Doin, t. I).

1906. L. Böhmig. — Tricladenstudien. I. Tricladida maricola (*Zeitschr. f. wiss. Zool.*, Bd. XXXI, Heft 2 et 3).

1906. P. Hallez. — Note préliminaire sur les Triclades maricoles des mers antarctiques et du cap Horn, recueillis par l'Expédition Charcot (*Bulletin du Museum d'Hist. nat. de Paris*, 91e réunion, 26 juin 1906, p. 395-399).

1906. Herzig (Emma-Maria). — Laidlawia trigonopora nov. gen. nov. sp. (*Zool. Anz.*, Bd. XXIX, n° 11, p. 329-332).

1907. L. Böhmig. — Zur Spermiogenese der Triclade *Procerodes Gerlachei* (*Archiv. de biologie*, t. XXIII).

1907. W. Salensky. — Beiträge zur Anatomie des Haplodiscus (*Bullet. Ac. imp. des sc. de Saint-Pétersbourg*, p. 819-842).

1907. P. Hallez. — Polyclades et Triclades maricoles (*Expédition antarctique française du Dr J. Charcot*, 1903-1905).

1907. Rudolf von Ritter Zahony. — Turbellarien : Polycladiden (*Hamburger Magalhænsische Sammelreise*).

1908. L. Böhmig. — Turbellarien (*Résultats du voyage du S. Y. « Belgica » en 1897-1898-1899*, sous le commandement de A. de Gerlache de Gomery).

1908. Wilhelmi. — Unsichere Arten der marinen Tricladen (*Zool. Anz.*, Bd. XXXIII).

1909. Dr E. Botezat und Dr W. Bendl. — Ueber Nervenendigungen in der Haut von Süsswassertricladen (*Zool. Anz.*, t. XXXIV, p. 59-64).

1910. P. Hallez. — Un nouveau type d'Alloïocœle (*Bothriomolus constrictus* nov. gen. nov. sp.) (*Arch. Zool. exp. et gén.*, t. XLIII, n° 5).

1911. P. Hallez. — Sur les terminaisons nerveuses dans l'épiderme des Planaires, à propos du travail de G. Botezat et W. Bendl (*Arch. de zool. exp. et gén.* (5), t. VII, p. XX-XXII).

1911. P. Hallez. — Un Bdellouride non parasite des mers antarctiques (*C. R. Ac. Sc. Paris*, 20 février).

1911. P. Hallez. — Double fonction des ovaires de certains Polyclades (*C. R. Ac. Sc. Paris*, 10 juillet).

EXPLICATION DES PLANCHES

Lettres communes à toutes les figures.

atr. Antrum génital.
B. Bouche.
Bi. Bouche intestinale.
bp. Bulbe du pénis.
C. Cerveau.
cd. Canal déférent.
cej. Canal éjaculateur.
cgi. Conduit génito-intestinal.
cglgr. Conduit excréteur des glandes granuleuses.
cm. Couche musculaire.
com. Commissure nerveuse.
dia. Diaphragme.
ent. Entonnoir.
ep. Épithélium.
fd. Fibres diagonales ou entrecroisées.
gcs. Gros canal séminal.
gl. Glande.
glcoq. Glandes coquillières.
glgr. Glandes granuleuses.
gp. Gaine du pénis.
gph. Gaine du pharynx.
I. Branche intestinale impaire ou intestin principal.
i. Rameaux intestinaux.
Id. Branche intestinale droite.
Ig. Branche intestinale gauche.
l. Lécithogène.
lac. Lacune.
M. Mésenchyme.
m. Muscles.
mb. Membrane basale.
mc. Muscles circulaires.
ml. Muscles longitudinaux.
mr. Muscles radiaires.
mtr. Fibres musculaires transversales.
n. Nerf.
nd. Nerf dorsal.
nl. Nerf latéral.
nlv. Nerf latéral ventral.
np. Nerf postérieur longitudinal.
nv. Nerf ventral.
O. Orifice de l'oviducte commun dans l'*antrum femininum*.
odv. Oviducte dorso-ventral.
oovd. Point de jonction des oviductes.
ov. Ovaire.
ovd. Oviducte.
ovdc. Oviducte commun.
ovdd. Oviducte dorsal.
ovdv. Oviducte ventral.
p. Pénis.
pg. Pore génital.
ph. Pharynx.
prs. Pores des réceptacles séminaux.
rglp. Réservoir des glandes du pénis.
rs. Réceptacle séminal.
sec. Sécrétion.
T. Tentacules.
t. Testicules.
ut. Utérus.
V. Ventouse.
vac. Vésicule accessoire.
vglgr. Vésicule des glandes granuleuses.
vs. Vésicule séminale.
y. Yeux.
♂. Orifice génital mâle.
♀. Orifice génital femelle.

PLANCHE I

Fig. 1 et 2. — ***Procerodes Gerlachei*** Böhmig. Face dorsale et face ventrale. Reproduction des deux aquarelles faites par le Dr J. Liouville, d'après l'animal vivant (× 9) (1).
Fig. 3. — ***Procerodes Gerlachei*** Böhmig. Face ventrale d'un individu en alcool (× 5).
Fig. 4. — ***Synsiphonium Liouvilli*** nov. gen. nov. sp. Reproduction de l'aquarelle faite par le Dr J. Liouville, d'après l'animal vivant.
Fig. 5. — Indication des organes visibles sur l'aquarelle précédente.
Fig. 6. — ***Synsiphonium Liouvilli.*** Un exemplaire en alcool vu par la face ventrale (× 5).
Fig. 7. — ***Procerodes Wandeli*** Hallez. Un exemplaire en alcool (× 5).
Fig. 8. — ***Procerodes Wandeli*** Hallez avec deux pharynx. Les coupes ont montré que les pharynx s'ouvrent tous deux dans la branche intestinale impaire antérieure (× 5).
Fig. 9 et 10. — ***Stylochoïdes albus*** Hallez. Photographies d'un individu d'un beau blanc. La face dorsale montre les tentacules et les saillies produites par les ovaires. La face ventrale montre les tentacules, le pénis dévaginé et la ventouse (× 5). Photographies de M. Carin, préparateur.
Fig. 11 et 12. — ***Stylochoïdes albus.*** Faces dorsale et ventrale d'un individu indiqué comme étant rouge-brique lorsqu'il fut recueilli. L'alcool était de couleur violette (× 5).
Fig. 13. — ***Stylochoïdes albus.*** Coupe sagittale (× 43,5).
Fig. 14. — Grégarine de l'intestin de ***Stylochoïdes albus*** (× 160).

PLANCHE II

Stylochoïdes albus.

Fig. 15. — Schéma des conduits génitaux femelles. Reconstitution d'après une série de coupes transversales (× 20).
1 à 11. Canaux d'union des ovaires droits avec l'oviducte dorsal.
1' à 11'. Canaux d'union des ovaires gauches avec l'oviducte dorsal.
23. Orifice dans l'oviducte dorsal du canal d'union de l'ovaire postérieur impair.
* Orifices des oviductes dorso-ventraux dans l'oviducte dorsal.
Fig. 16. — Zone germinative d'un ovaire (× 450).
Fig. 17. — Reconstitution des nerfs longitudinaux postérieurs, avec leurs commissures et les origines des nerfs latéraux, et de l'intestin principal avec les branches qui en partent. Vue ventrale (× 20).
Fig. 18. — Coupe longitudinale latérale du cerveau passant par l'une des deux cellules internes symétriques, à prolongements fibrillaires en touffes (× 108).
Fig. 19. — Partie d'une coupe transversale, un peu oblique, passant par le cerveau, la gaine du pharynx, la vésicule accessoire et l'atrium mâle (× 108).
Fig. 20. — Cellule à rhabdites dans l'épiderme (× 667).
Fig. 21. — Mésenchyme (× 300).
Fig. 22. — Coupe transversale du cerveau, passant par l'origine d'un nerf ventral et d'un nerf latéro-ventral de la deuxième paire, et montrant la gaine fibreuse du cerveau (× 108).

(1) Ces figures, ainsi que les figures 3, 4, 6, 7, 8, 11 et 12, ont été tirées en noir.

PLANCHE III

Stylochoïdes albus.

Fig. 23 à 26. — Parties de coupes transversales de $0^{mm},006$ d'épaisseur appartenant à une même série (× 45).

Fig. 23. — Partie de la 265ᵉ coupe. L'oviducte commun est fortement dilaté par la sécrétion éosinophile des ovaires. La même sécrétion s'observe dans l'antrum femininum.

Fig. 24. — Partie de la 286ᵉ coupe passant par l'extrémité distale du pharynx et la première commissure nerveuse.

Fig. 25. — Partie de la 326ᵉ coupe passant par l'extrémité distale repliée du pharynx et la deuxième commissure nerveuse.

Fig. 26. — Partie de la 344ᵉ coupe. Dans la gaine du pharynx se trouve : en haut de la figure, la partie de la région dorsale du pharynx ; à gauche, l'extrémité libre et repliée de la lame pharyngienne dorsale ; à droite, la partie distale du bulbe pharyngien ; dans le bas, une grégarine.

Fig. 27 à 30. — Coupes d'ovules à différents stades de développement. Elles montrent la différenciation de l'ectoplasme, le développement des globules vitellins et le commencement de la formation du follicule (× 450).

Fig. 31. — Reconstitution des canaux séminaux.
* Orifices des oviductes dorso-ventraux dans l'oviducte dorsal (× 20).

Fig. 32. — Coupe de la vésicule accessoire (× 160).

PLANCHE IV

Stylochoïdes albus.

Fig. 33 à 36. — Parties de coupes transversales de la même série que les figures 23 à 26 (× 45).

Fig. 33. — Partie de la 370ᵉ coupe passant par la base bulbeuse du pharynx.

Fig. 34. — Partie de la 375ᵉ coupe, au niveau de la quatrième commissure nerveuse.

Fig. 35. — Partie de la 388ᵉ coupe passant par le diaphragme et la bouche intestinale.

Fig. 36. — Partie de la 453ᵉ coupe passant par les oviductes dorso-ventraux et la base du bulbe pharyngien dont quelques attaches sur la ventouse sont visibles. C'est le niveau de la cinquième commissure nerveuse.

Fig. 37. — Coupe d'une partie dorsale d'ovaire avec paroi dans le bas de la figure. Le cytoplasme aréolaire est encore coloré en bleu, quoique un peu violacé. Hémalun et éosine (× 450).

Fig. 38. — Coupe d'une partie dorsale d'ovaire. La substance homogène lacuneuse est intensivement colorée par l'éosine ; les noyaux ont augmenté de volume (× 450).

Fig. 39. — Coupe d'une partie dorsale d'ovaire au stade de la caryolyse. La substance homogène très éosinophile ne présente plus de lacunes. A la périphérie, des globules jaunes avec gouttelettes réfringentes. Dans le voisinage des noyaux en caryolyse, en général une gouttelette jaune clair. Les noyaux en caryolyse sont encore cyanophiles (× 450).

PLANCHE V

Stylochoïdes albus (fig. 40 à 48).

Enterogonimus aureus (fig. 49).

Fig. 40. — Partie plus grossie de la coupe, Pl. IV, fig. 35 (× 108).

Fig. 41. — Coupe longitudinale d'un pénis dévaginé. Superposition de quelques coupes successives (× 108).

Fig. 42. — Paroi d'un gros canal séminal d'un diamètre de $0^{mm},143$ (× 300).

Fig. 43. — Coupe d'un canal déférent d'un diamètre de $0^{mm},066$ (× 300).

Fig. 44. — Coupe d'un canal déférent d'un diamètre de $0^{mm},036$, au point où il se bifurque à son extrémité postérieure (× 300).

Fig. 45. — Coupe longitudinale, un peu oblique, à travers le pénis, au point où le canal éjaculateur se continue avec le conduit des glandes granuleuses (× 160).

Fig. 46. — Coupe transversale d'un *antrum femininum* très dilaté par des produits de sécrétion. Orifice de l'oviducte commun dans l'antrum (× 108).

Fig. 47. — Coupe transversale de l'oviducte dorsal avec le raphé dorsal (× 160).

Fig. 48. — Paroi épithéliale de l'oviducte dorso-ventral (× 160).

Fig. 49. — *Enterogonimus aureus*. Représentation schématique des conduits vecteurs des produits génitaux (× 12). Pour les besoins de la démonstration, les organes copulateurs mâle et femelle, qui sont verticaux, ont été représentés couchés horizontalement; par suite, les gros canaux séminaux se trouvent à une distance des utérus plus grande que la distance réelle.

PLANCHE VI

Enterogonimus aureus.

Fig. 50. — Coupe sagittale (× 32).

* Point où les deux canaux déférents se jettent dans la vésicule séminale.

ω Niveau des orifices des canaux génito-intestinaux dans l'intestin principal.

Fig. 51. — Coupe passant par l'oviducte dorsal et les cellules de fermeture de l'ovaire (× 160).

Fig. 52. — Coupe transversale d'un oviducte dorsal avec son enveloppe de cellules vésiculeuses (× 160).

Fig. 53. — Coupe d'un réceptacle séminal (× 160).

Fig. 54. — Quelques cellules vésiculeuses (× 450).

Fig. 55. — Coupe d'une dernière ramification intestinale qui s'étend jusqu'à la couche musculaire (× 450).

Fig. 56. — Un groupe de quatre rhabdites (× 450).

Fig. 57. — Coupe passant par l'utérus, l'oviducte dorso-ventral et le réceptacle séminal dont le conduit, visible dans les coupes suivantes, est représenté par un fin pointillé (× 45).

Fig. 58. — Partie d'une coupe longitudinale montrant l'alternance des ovaires et des branches intestinales (× 45).

Fig. 59. — Coupe d'un ovaire. Sa région dorsale contient, à gauche de la figure, un ovule, tandis que tout le reste de cette région est rempli par la substance éosinophile (× 108).

PLANCHE VII

Enterogonimus aureus.

Fig. 60 à 65. — Parties de coupes intéressant l'organe copulateur mâle.

Fig. 60. — Partie de la 537e coupe passant par la courbure en demi-cercle de la vésicule séminale (× 45).

Fig. 61. — Partie de la 540e coupe (× 67).

Fig. 62. — Partie de la 545e coupe (× 67).

Fig. 63. — Partie de la 552e coupe. Coupes transversales du canal éjaculateur et du canal des glandes granuleuses avec chacun leur musculature propre (× 67).

Fig. 64. — Partie de la 563ᵉ coupe. Point de jonction de la vésicule séminale et du canal éjaculateur (× 67).
Fig. 65. — Partie de la 570ᵉ coupe. Jonction des glandes granuleuses avec leur vésicule et de celle-ci avec le conduit excréteur du pénis (× 67).
Fig. 66. — Coupe passant par un utérus et l'origine de l'oviducte ventral (× 45).

PLANCHE VIII

Synsiphonium Liouvilli.

Fig. 67. — Coupe transversale des téguments de la face ventrale (× 450).
Fig. 68. — Représentation schématique des conduits génitaux.
Fig. 69. — Partie d'une coupe transversale passant par l'ovaire (× 45).
Fig. 70. — Coupe longitudinale du *receptaculum seminis*, un peu en avant du point où il prend une direction transversale (× 375).
Fig. 71. — Coupe du *receptaculum seminis* au niveau de l'organe copulateur (partie d'une coupe longitudinale) (× 250).
Fig. 72. — Partie d'une coupe sagittale (× 45).

PLANCHE IX

Synsiphonium Liouvilli.

Fig. 73. — Coupe longitudinale d'un ovaire droit passant par la partie tout à fait proximale de l'entonnoir cilié et par l'amas du tissu conjonctif. Les cellules de l'entonnoir sont sectionnées suivant leur longueur. La lumière du pavillon se continue dans les méats du tissu conjonctif environnant (× 250).
Fig. 74. — Partie d'une coupe longitudinale de l'ovaire gauche, passant par l'orifice de l'entonnoir cilié et montrant le tissu conjonctif qui l'environne. Les cellules de l'entonnoir sont sectionnées transversalement. La lumière du pavillon est étroite (× 250).
Fig. 75. — Coupe longitudinale du même ovaire droit que celui de la figure 73 (× 165).
Fig. 76. — Coupe transversale de la partie du bulbe du pénis libre dans l'atrium génital (× 300).
Fig. 77. — Coupe transversale d'un ovaire gauche passant par l'entonnoir cilié (× 250).
Fig. 78. — Coupe transversale du même ovaire gauche que celui de la figure précédente. La coupe montre l'entonnoir cilié et les sections de l'oviducte et du *receptaculum seminis*, près du point de jonction de ces deux conduits (× 250).

TABLE DES MATIÈRES

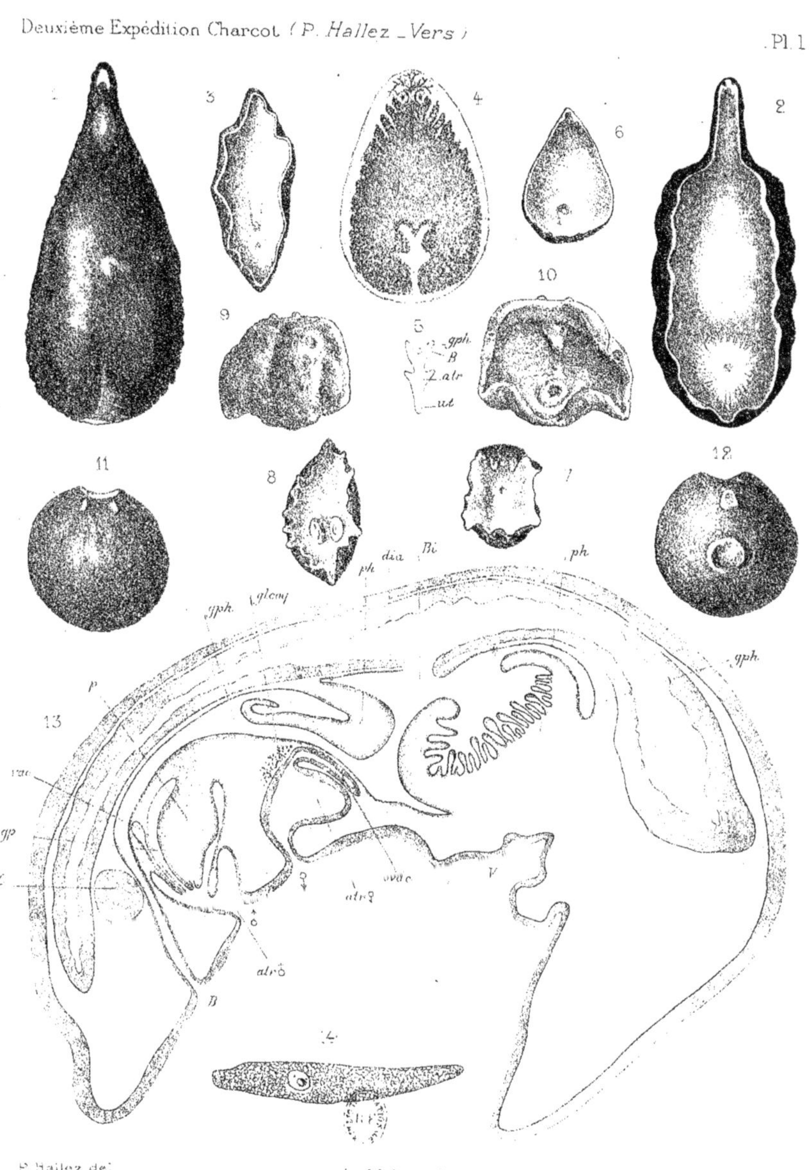

P. Hallez del. Imp. L. Lafontaine, Paris G. Reignier lith.

Triclades et Polyclades.

Masson & Cie Editeurs

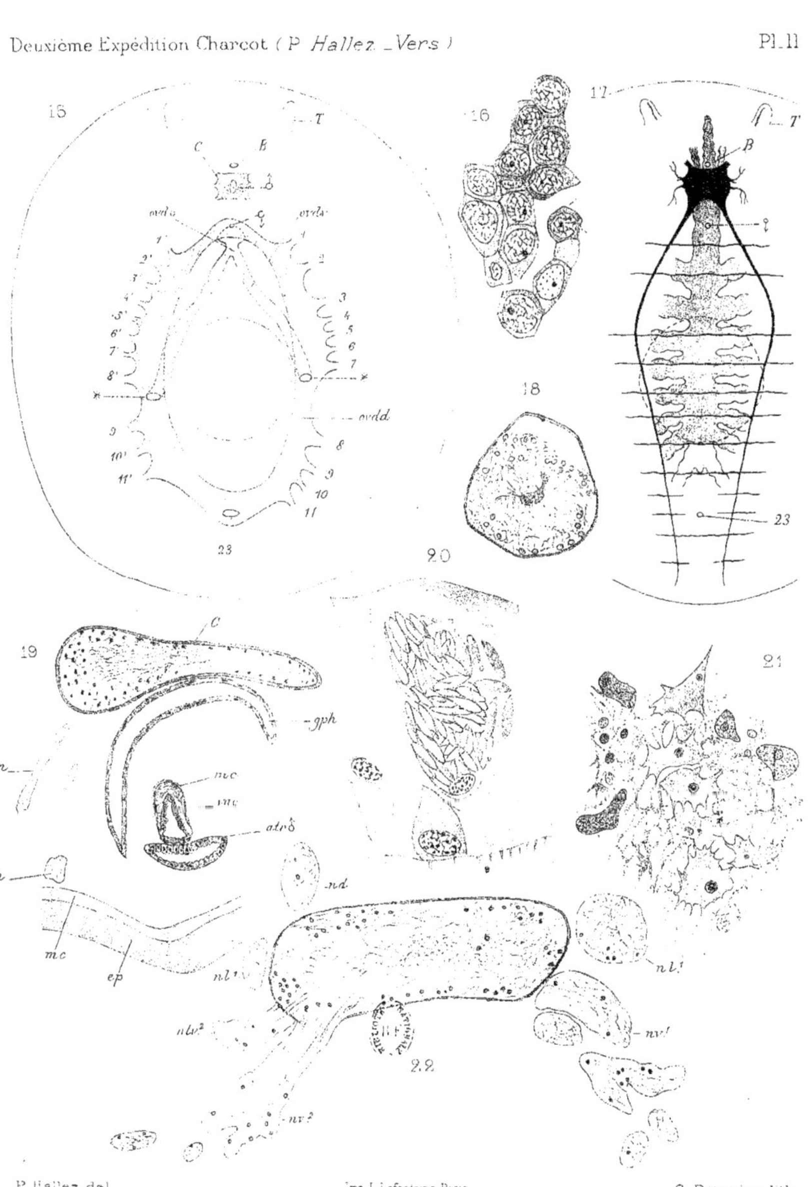

P. Hallez del.   Imp. L. Lafontaine Paris   G. Reignier lith.

Stylochoides albus

Masson & Cie Editeurs

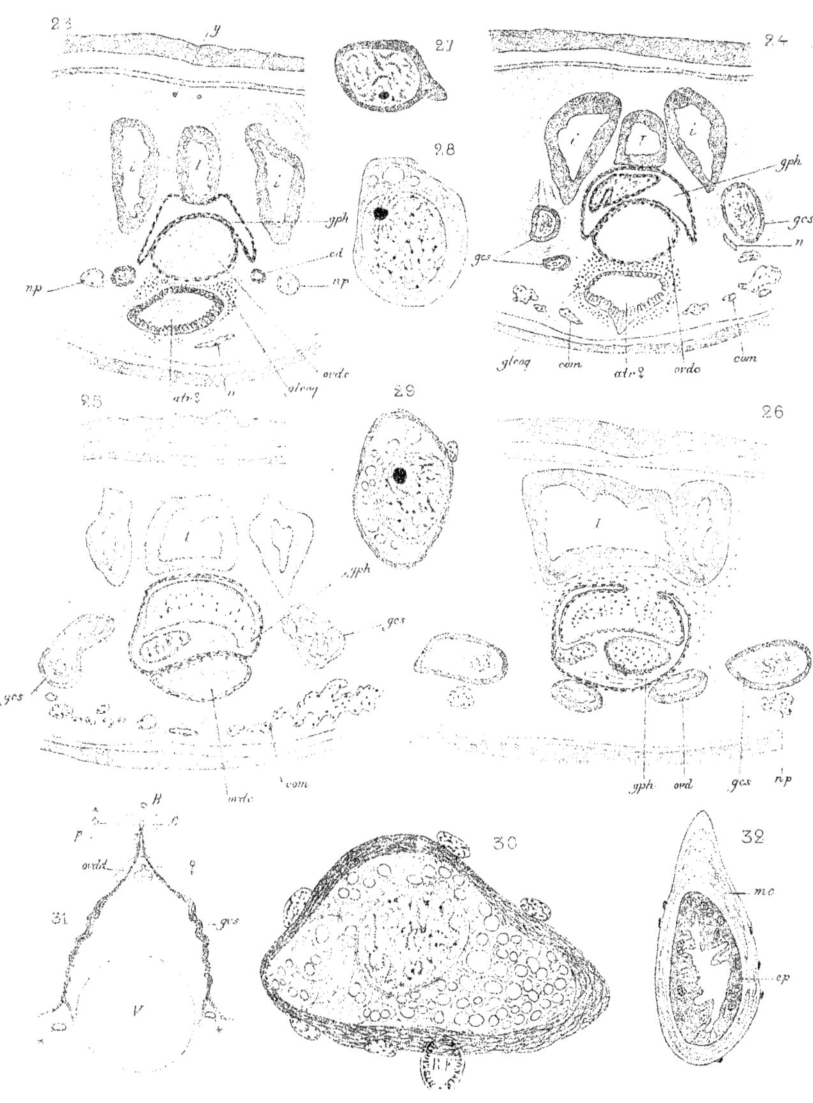

P. Hallez del. Imp. L. Lafontaine, Paris G. Reignier lith.

Stylochoïdes albus

Masson & Cie Editeurs

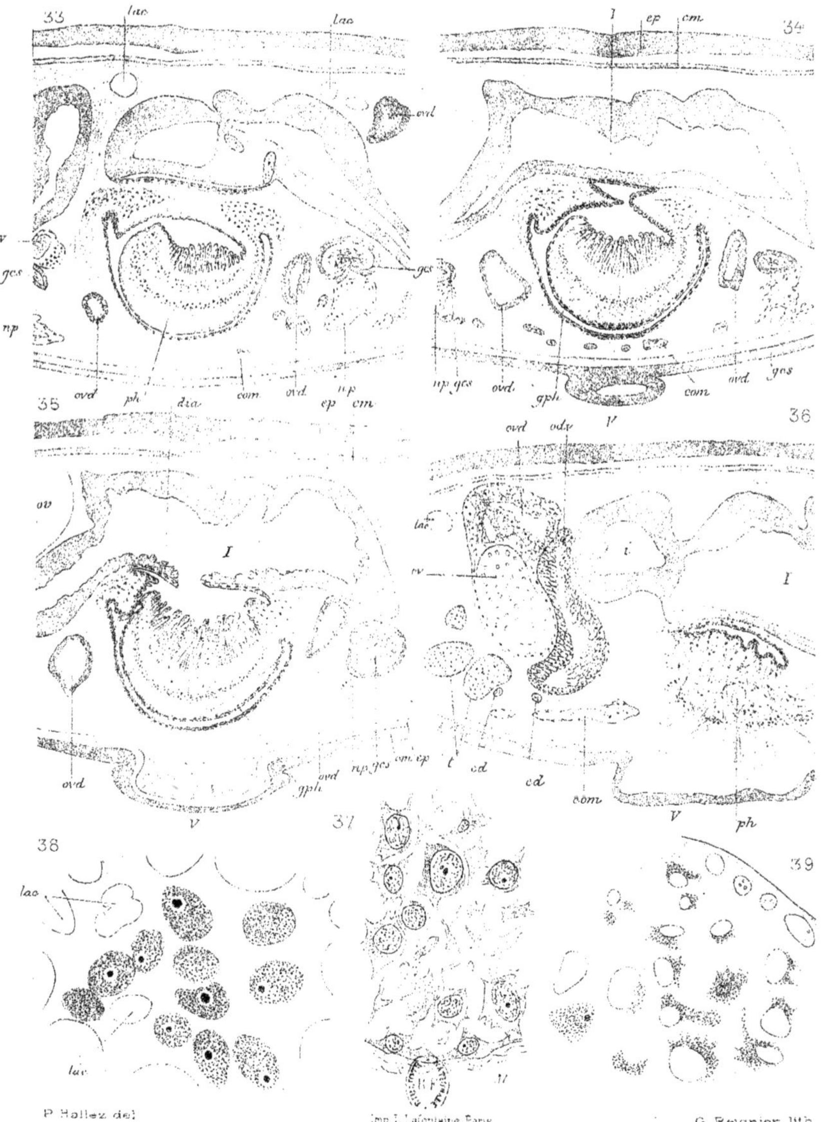

P. Hallez del.

Imp. L. Lafontaine, Paris

G. Reignier lith.

Stylochoides albus

Masson & Cie Editeurs

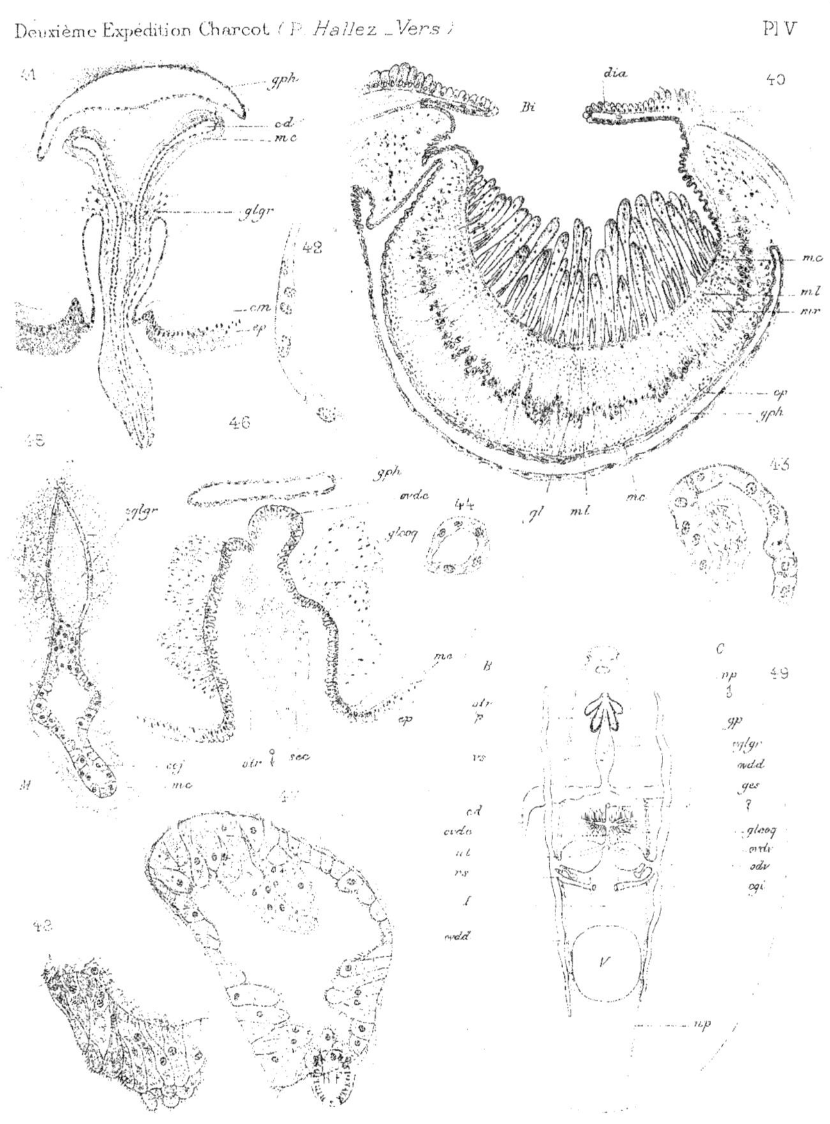

P. Hallez del. Imp. L. Lafontaine, Paris C. Reignier lith.

Stylochoides albus (fig. 40 à 48)
Enterogonimus aureus (fig. 49)

Masson & Cie Editeurs

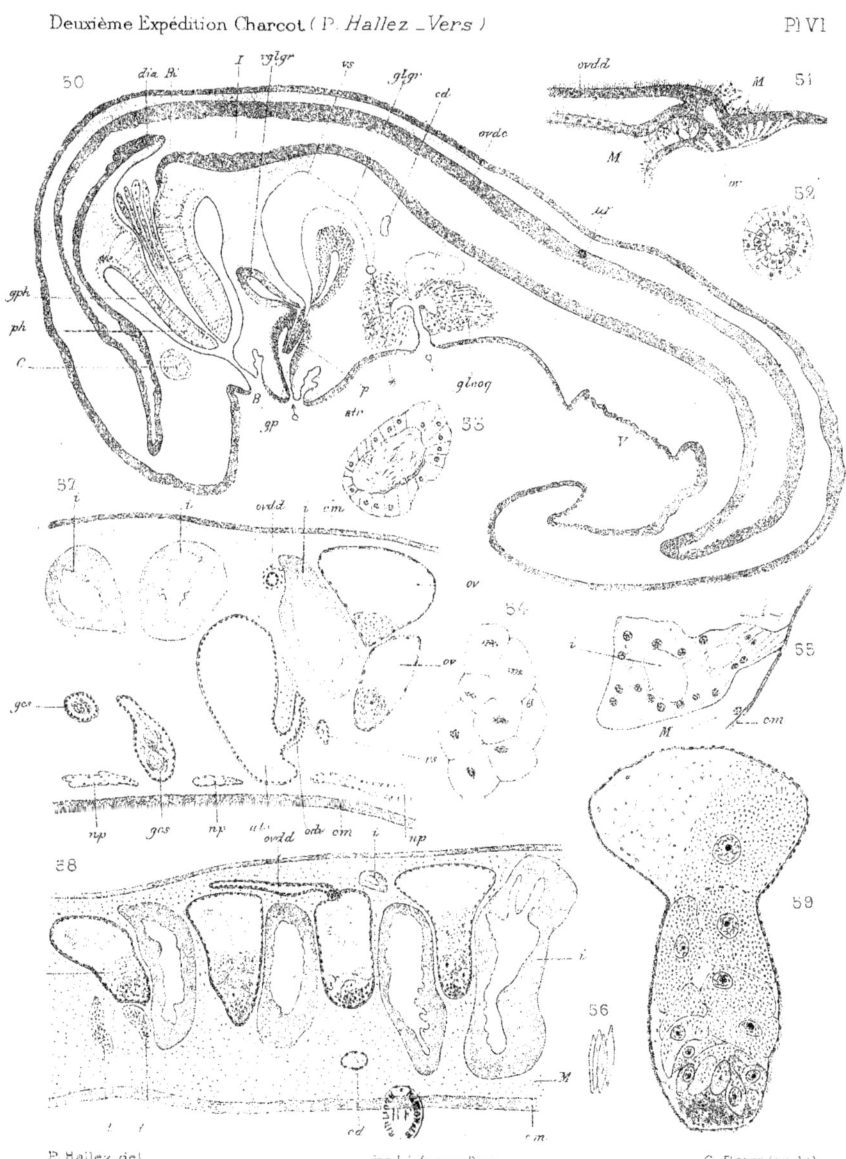

P. Hallez del. Imp. L. Lafontaine, Paris G. Reignier lith.

Enterogonimus aureus

Masson & Cie Éditeurs

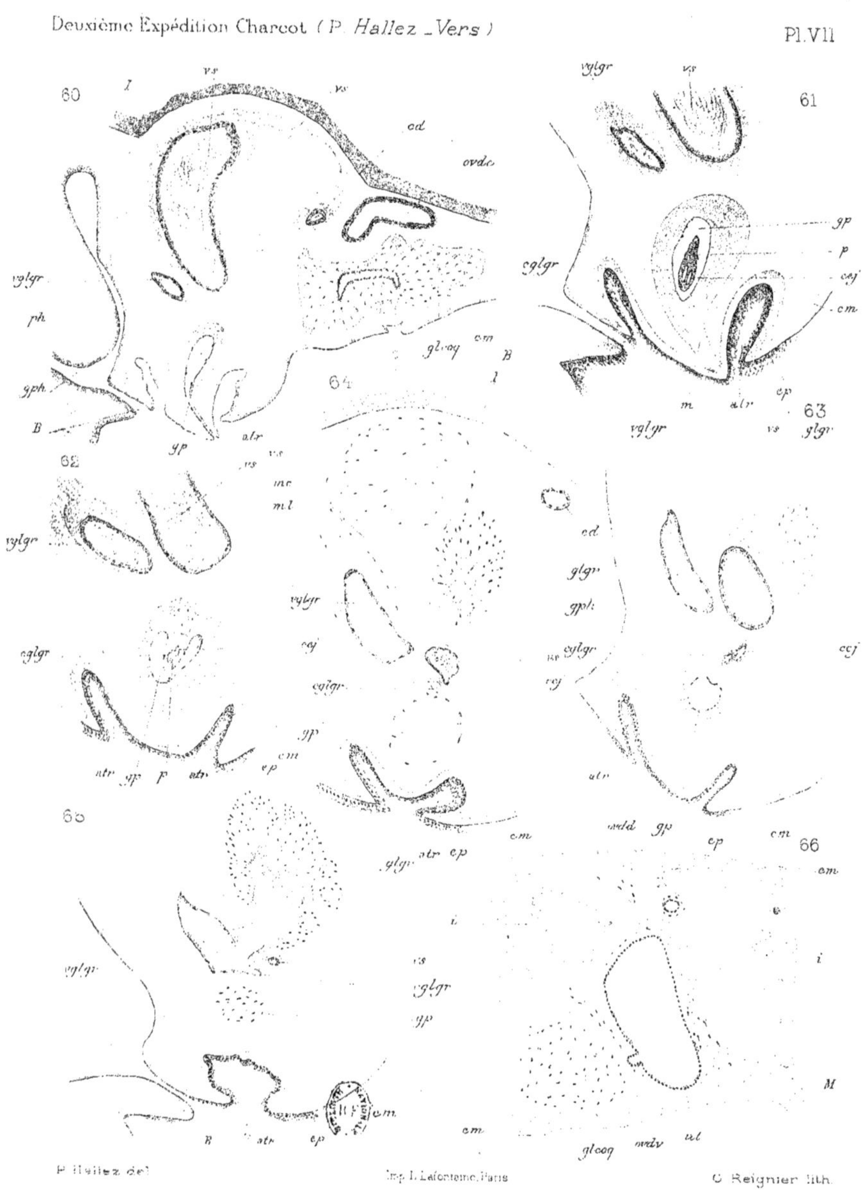

Enterogonimus aureus

Masson & Cie Editeurs

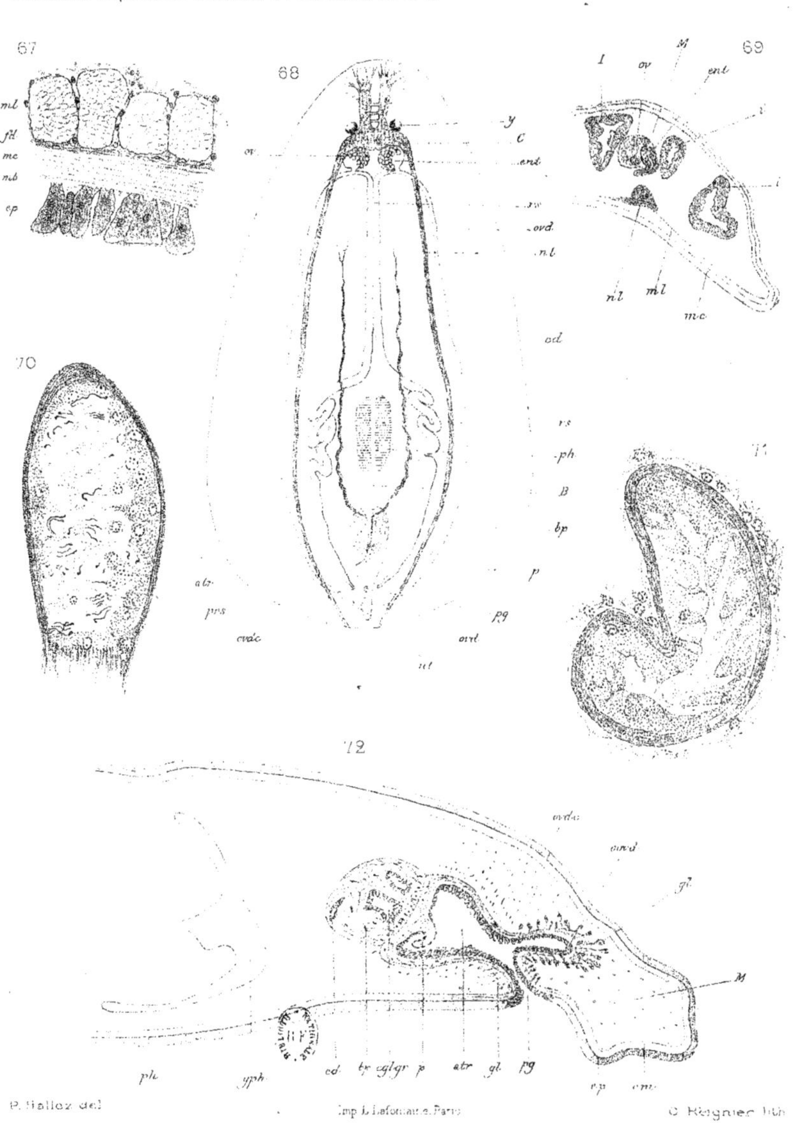

P. Hallez del. Imp. L. Lafontaine, Paris C. Reignier lith.

Synsiphonium Liouvilli

Masson & Cie Éditeurs

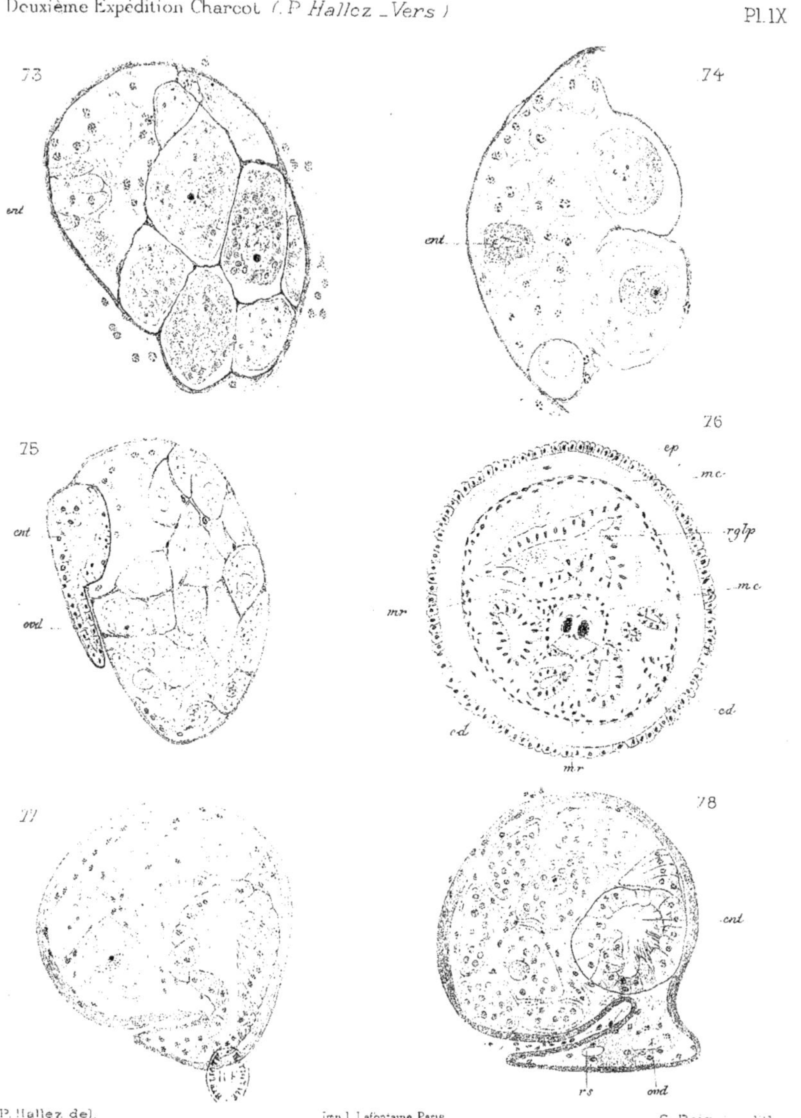

P. Hallez del. Imp. L. Lafontaine, Paris C. Reignier lith.

Synsiphonium Liouvilli

Masson & Cie Editeurs

PTÉROBRANCHES

Par Ch. GRAVIER

Au sud de l'île Jenny, par 68° de latitude sud et 70° 20° de longitude ouest de Paris, le « Pourquoi Pas? » fit, le 21 janvier 1909, à 250 mètres de profondeur, sur un fond de sable vert et de roches (température du fond : + 0°,5 C.), un dragage très fructueux ; ce dernier ramena à la surface, entre autres matériaux, des *Cephalodiscus* qui se rapportent à deux espèces : l'une d'elles est le *Cephalodiscus nigrescens* R. Lankester, trouvé par la « Discovery » au voisinage de l'île Coulman, près du Victoria Land; l'autre espèce, qui est nouvelle, est celle que j'ai désignée sous le nom de *Cephalodiscus Anderssoni*, en l'honneur de K. A. Andersson, qui a fait connaître cinq espèces nouvelles du genre *Cephalodiscus* recueillies au cours de l'expédition O. Nordenskjöld, dont il était membre.

Le genre *Cephalodiscus* fut créé en 1882 par W. C. Mac Intosh pour des animaux dragués par le « Challenger » en 1876, dans le détroit de Magellan, à 245 brasses (440 mètres environ de profondeur). Le *C. dodecalophus* Mac Intosh du « Challenger » était demeuré longtemps la seule forme connue, lorsque, en 1903, K. A. Andersson annonça que la même espèce avait été retrouvée par l'expédition antarctique suédoise (1901-1903), au sud de l'île W. Falkland. Depuis une dizaine d'années, grâce à l'expédition de la « Siboga », dans les Indes Néerlandaises, et à celles qui ont exploré les contrées antarctiques, le nombre des espèces décrites s'est singulièrement accru, puisqu'il est passé d'un à quatorze.

S. F. Harmer, dans son mémoire sur les Ptérobranches de l'expédition de la « Siboga » publié en 1905, donne la description de deux espèces nouvelles : l'une, *C. gracilis*, de la côte est de Bornéo, vit dans la limite des marées ; l'autre, *C. Sibogæ*, de la côte sud-est de Célèbes (profondeur :

75-94 mètres), est remarquable par le surprenant dimorphisme sexuel des individus ; enfin, S. F. Harmer y a joint l'étude d'une troisième espèce, *S. Levinseni*, du Musée de Copenhague, et provenant du détroit de Corée (profondeur : 183 mètres).

Deux ans plus tard, en 1907, W. G. Ridewood publia son travail sur les deux *Cephalodiscus* nouveaux rapportés du Victoria Land par la National Antarctic Expedition (« Discovery », 1901-1904) : *C. nigrescens* Ray Lankester (profondeur : 180 mètres) et *C. Hodgsoni* Ridewood (profondeur : 180-540 mètres) (1).

Cette même année 1907 vit paraître l'importante contribution fournie par K. A. Andersson à l'histoire des *Cephalodiscus*, grâce aux matériaux rapportés par l'expédition antarctique suédoise dirigée par O. Nordenskjöld (1901-1903). Outre le *C. dodecalophus* Mac Intosh, cette expédition ne rapporta pas moins de cinq espèces nouvelles de ce genre, provenant toutes du voisinage de la Terre de Graham, à des latitudes comprises entre 62° 55′ et 64° 36′ et de profondeurs variant de 80 à 235 mètres ; ce sont : *C. æquatus*, *C. inæquatus*, *C. solidus*, *C. densus* et *C. rarus*.

En 1908, W. G. Ridewood décrivit sous le nom de *C. Gilchristi* une espèce recueillie au cap de Bonne-Espérance par Gilchrist (profondeur : 30 brasses ou 55 mètres environ ; quelques exemplaires à de plus grandes profondeurs).

Au cours d'une exploration scientifique à Ceylan et sur la côte de Malabar (Mahé), A. Schepolieff découvrit une nouvelle forme, *C. indicus*, dont il publia l'étude en 1908.

Enfin, à cette liste, il faut ajouter le *C. Anderssoni* Gravier (1912), rapporté par la seconde expédition antarctique française (1908-1910), d'un point situé un peu au sud de la région explorée par l'expédition suédoise.

D'après les explorations récentes, le genre *Cephalodiscus* paraît avoir une aire de répartition extrêmement étendue, puisqu'on l'a troué dans la région antarctique proprement dite (Antarctique sud-américaine,

(1) D'après une note récente de W. G. Ridewood [On specimens of *Cephalodiscus nigrescens* supposed to have been dredged in 1841 or 1842 (*Ann. and Magaz. of natur. History*, ser. 8, vol. X, nov. 1912, p. 551)], le *Cephalodiscus nigrescens* aurait été dragué soit en janvier 1841, soit en février 1842, au voisinage de l'île Coulman (où la « Discovery » le retrouva en 1902), lors de l'expédition de l' « Erebus » et du « Terror », commandée par Sir James Clark Ross.

Victoria Land), dans les mers subantarctiques (détroit de Magellan, îles Falkland, cap de Bonne-Espérance), à Ceylan et sur la côte de Malabar et enfin dans le détroit de Corée. Il est très probable que les explorations futures le feront connaître en bien d'autres points du globe. Il n'en est pas moins vrai que la région de prédilection de ces animaux semble bien se trouver dans les eaux antarctiques et dans les mers subantarctiques. Sur 14 espèces actuellement décrites, 10 appartiennent aux régions antarctiques ou subantarctiques ; 8 habitent l'Océan glacial antarctique.

E. Ray Lankester a divisé le genre *Cephalodiscus* en deux sous-genres : 1° le sous-genre *Idiothecia*, chez lequel les individus vivent dans des tubes distincts, absolument séparés les uns des autres ; 2° le sous-genre *Demiothecia*, chez lequel les divers individus habitent dans des tubes qui communiquent tous entre eux. Les espèces de l'Antarctique se rangent ainsi dans les deux sous-genres :

Sous-genre *Demiothecia : C. Hodgsoni* Ridewood, *C. æquatus* Andersson, *C. inæquatus* Andersson ;

Sous-genre *Idiothecia : C. nigrescens* Ray Lankester, *C. solidus* Andersson, *C. densus* Andersson, *C. rarus* Andersson (1), *C. Anderssoni* Gravier.

Il est à remarquer que c'est dans les eaux antarctiques que les édifices construits par les *Cephalodiscus* et les individus qui les habitent prennent les tailles les plus considérables. Par exemple, tandis que le *C. solidus* Andersson forme des masses presque sphériques de 25 à 30 centimètres de diamètre, avec des tubes ayant jusqu'à 10 centimètres de longueur, habités par des individus ayant de 4 à 5 millimètres de longueur, stolon non compris, le *C. indicus* Schepotieff se présente sous forme de plaques rondes de 7 à 10 millimètres de largeur, de 3 à 4 millimètres de hauteur, avec des individus dont la longueur ne dépasse pas 2 millimètres. Le *C. gracilis* Harmer et le *C. Sibogæ* Harmer sont également minuscules à côté des masses édifiées par le *C. solidus* Andersson, le *C. nigrescens* Ray Lankester et même le *C. Anderssoni* Gravier. Il y a là un nouvel exemple du gigantisme qu'offrent à considérer, dans l'Antarctique, de nombreuses

(1) Pour les trois espèces de l'expédition antarctique suédoise du sous-genre *Idiothecia*, K. A. Andersson (1907) a fondé un troisième sous-genre *Orthœcus*.

formes des groupes les plus divers, ainsi que j'ai déjà eu l'occasion de le signaler (1).

En certaines régions des mers antarctiques, à des profondeurs qui ne dépassent qu'exceptionnellement 250 mètres, les *Cephalodiscus* recouvrent vraisemblablement des espaces étendus au fond de la mer. L'expédition antarctique suédoise, au voisinage de la Terre de Graham (station 94, latitude 62° 55' sud, longitude 55° 57' ouest, au nord de l'île Joinville), dans un seul coup de filet traînant, ne recueillit pas moins de quatre espèces, toutes quatre nouvelles. Les *Cephalodiscus* constituaient une partie importante de la prise. Dans l'unique coup de drague du « Pourquoi Pas ? », au sud de la même région, les deux espèces rapportées, *C. nigrescens* Ray Lankester et *C. Anderssoni* Gravier étaient représentés aussi par de nombreux exemplaires, d'après les naturalistes du bord. Le *Cephalodiscus*, au moins en certains points des régions antarctiques, paraît être un des types les plus caractéristiques de la faune des fonds de moyenne profondeur.

K. A. Andersson (1907) a fait observer judicieusement que certains auteurs regardent à tort les *Cephalodiscus* comme des animaux coloniaux. Ces Vers ne constituent pas, en effet, de véritables colonies, puisque chacun des individus, dans les édifices qu'ils construisent, demeure absolument indépendant des autres pendant toute son existence. On doit plutôt les regarder comme des animaux dont les associations sont intermédiaires entre les sociétés proprement dites et les colonies typiques, comme celles des Madréporaires. En effet, les sociétés qu'ils forment diffèrent profondément de celles des Insectes, des Hyménoptères, par exemple, en ce qu'ici les individus d'un même spécimen proviennent, en somme, par voie de bourgeonnement, de l'individu progéniteur, comme cela a lieu chez les Polypes coralliaires. Le genre *Rhabdopleura* Allman, qui, avec le genre *Cephalodiscus*, forme la sous-classe des Ptérobranches, offre la transition entre les sociétés et les colonies, car, chez ce genre, tous les individus d'un même exemplaire sont réunis entre eux par un stolon général.

Dans chaque tube de *Cephalodiscus*, on trouve des bourgeons à divers

(1) Ch. Gravier, Annélides Polychètes, *Deuxième Exp. antarct. franç.*, 1911, p. 38.

états de grandeur sur le stolon de l'individu qui l'habite et qui est pourvu, en même temps, d'organes génitaux bien développés ; parfois aussi, des bourgeons de second ordre, au voisinage de l'insertion des précédents et de volumineux ovules libres dans la cavité du tube. Chez le *Cephalodiscus indicus*, Schepotieff (1908) a même recueilli dans les tubes d'un exemplaire de Mahé et de deux autres exemplaires de Belligemma (Ceylan), des œufs et six larves, au milieu de bourgeons détachés de l'individu-souche ; certaines de ces larves étaient encore dans leur coque et correspondaient presque complètement aux *planula* d'Andersson ; les autres nageaient librement. Ce bourgeonnement intense et précoce, — dont on ne connaît guère d'équivalents que chez certains Tuniciers, — associé constamment à une reproduction sexuée active, semble ne se trouver nulle part avec la même continuité dans le règne animal et constitue certainement le trait essentiel des Ptérobranches, qu'on a rapprochés surtout des Entéropneustes, des Bryozoaires ectoproctes et dont la ressemblance avec les Graptolithes, signalée d'abord par G. Allman (1872), mise en doute par C. Wiman (1895), a été affirmée à nouveau par Schepotieff (1905-1909).

Cephalodiscus nigrescens Ray Lankester.

E. Ray Lankester, On a new species of *Cephalodiscus* (*C. nigrescens*) from the Antarctic Ocean. *Proc. Roy. Soc.*, 1905, p. 400, Pl. I.

W. G. Ridewood, Pterobranchia. Cephalodiscus. *Nation. antarct. Exped.*, 1907, p. 21, Pl. I; Pl. II, fig. 2; Pl. III, fig. 3-9; Pl. IV, fig. 10-15; Pl. V, fig. 23-30, 37-40 ; Pl. VII, fig. 63-75.

Ce *Cephalodiscus* est représenté dans les collections du « Pourquoi Pas ? » par quarante-trois fragments de dimensions très inégales provenant probablement de plusieurs spécimens. Les Ptérobranches étaient d'ailleurs très abondants, d'après les naturalistes de l'expédition, parmi les matériaux du dragage effectué au sud de l'île Jenny. Quelques fragments ramifiés ont de 12 à 15 centimètres de longueur et appartenaient, sans doute, à des exemplaires de grande taille (fig. A). La masse d'apparence muqueuse ou cœnœcium, dans laquelle sont plongés les tubes, est peu consistante ; elle cède à la moindre pression ou à la plus légère traction. Elle contient de nombreuses inclusions, notamment de gros grains de sable, des piquants d'Oursins, des fragments de bras d'Ophiures, de spicules d'Éponges, etc. Sur la surface, on observe des Bryozoaires variés et peut-être même des Polypes hydraires en mauvais état ; j'y ai même recueilli un Polychète du genre

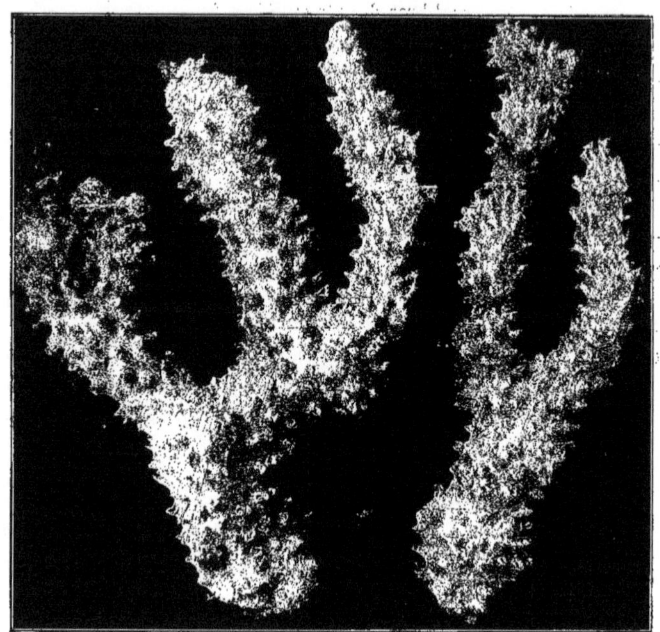

Fig. A. — *Cephalodiscus nigrescens* Ray Lankester. — Deux branches ramifiées représentées en grandeur naturelle.

Eulalia, qui paraît n'appartenir à aucune espèce déjà signalée dans les mers antarctiques ou subantarctiques.

Un très grand nombre de tubes sont vides ; leur partie profonde, parcheminée, est d'une coloration légèrement rosée. Quelques-uns contiennent encore les individus qui les ont construits et qui sont visibles, grâce à leur coloration très foncée, à travers le cœnœcium ; mais ces Vers, dans un état de macération plus ou moins avancée, ne peuvent se prêter à aucune étude.

Les plus grosses branches, qui ont au moins 2 centimètres de diamètre, ont leur extrémité mousse ; les plus petites s'effilent davantage dans leur partie terminale. A son orifice, chaque tube présente une lèvre inférieure saillante en forme de languette à bord arrondi ; il n'en est pas ainsi, toutefois, pour les tubes qui occupent les sommets de chaque branche et qui sont dépourvus de cet appendice ; leur ouverture est entourée d'un bourrelet uniformément saillant.

Ce *Cephalodiscus*, recueilli par le « Pourquoi Pas? », présente bien les caractères indiqués par W. G. Ridewood dans son étude des Ptérobranches rapportés par la « Discovery ». Cette dernière a pris le *Cephalodiscus nigrescens* le 13 janvier 1902, à cent brasses de profondeur, à l'île Coulman, près du Victoria Land. Le *C. nigrescens*, décrit sommairement par E. Ray Lankester en 1905, a été étudié ensuite d'une manière plus approfondie par G. Ridewood en 1907. Il est intéressant de constater la présence de la même espèce dans deux régions aussi distantes l'une de l'autre que le sont le Victoria Land et l'Antarctique sud-américaine.

Cephalodiscus Anderssoni Gravier.

Ch. Gravier, Sur une nouvelle espèce de *Cephalodiscus* (*C. Anderssoni* n. sp.) provenant de la seconde expédition antarctique française. *Bull du Mus. d'Hist. natur.*, t. XVIII, 1912, p. 146-150 (1).

Ce *Cephalodiscus*, qui provient du même dragage que le précédent, forme une masse ayant $12^{cm},5$ de hauteur, $10^{cm},5$ de largeur maxima (fig. B) ; ce n'est vraisemblablement qu'une partie de l'exemplaire qui a dû être déchiré quand on l'a détaché du fond. Tout hérissée de tubes isolés à leur extrémité, indépendants les uns des autres, mais très généralement groupés par quatre ou cinq dans leur partie inférieure, la masse en question a un aspect spécial. Comme le montre nettement la photographie (fig. B), la disposition des tubes est rayonnée ; ceux des parties latérales sont presque tous tordus dans leur région périphérique,

(1) La description du *Cephalodiscus Anderssoni* Gravier est insérée dans le *Bulletin du Muséum d'histoire naturelle*, n° 3 (28 mars 1912). La lecture de la note de M. W. G. Ridewood relative au *Cephalodiscus nigrescens*, insérée dans les *Annals and Magazine of Natural History*, sér. 8, vol. X (novembre 1912) montre que l'auteur anglais n'a pas eu connaissance de la communication faite le 28 mars 1912, à la réunion des Naturalistes du Muséum d'histoire naturelle, concernant le *Cephalodiscus Anderssoni*.

qui, en général, s'oriente normalement à la surface de la pseudo-colonie ; ceux qui demeurent obliques à cette surface ont leur orifice également incliné sur leur axe. Tous ces tubes sont empâtés dans une masse com-

Fig. B. — *Cephalodiscus Anderssoni* Gravier. — Grandeur naturelle.

mune, que la plupart des auteurs appellent le cœnœcium, et qui est formée par une sorte de mucus dont la consistance et la semi-transparence rappellent celles de l'enveloppe du corps des Polychètes de la famille des Flabelligériens. A la base de l'ensemble, on trouve plusieurs cailloux séparés les uns des autres et qui ont été sans doute peu à peu incorporés à la masse du cœnœcium, à mesure que celui-ci s'étendait. On voit également, encastrée dans les tubes, une éponge siliceuse à longs spicules saillants à la surface ; ceux de la partie inférieure s'enfoncent assez profondément dans le cœnœcium. Au-dessus de ce dernier, les tubes s'accolent en groupes de quatre ou cinq, exceptionnellement de sept, huit, neuf ; ces faisceaux se soudent parfois entre eux dans leur région moyenne. Dans chacun d'eux, les orifices des divers tubes ne s'ouvrent pas tous au même niveau (fig. 1 et 2) ; ils divergent dans leur partie distale, de sorte

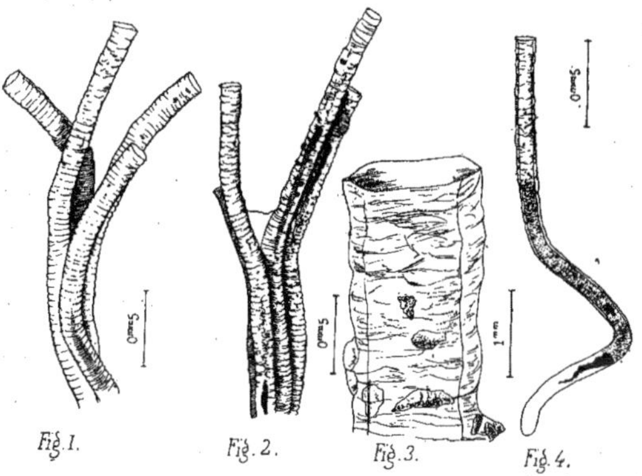

Fig. 1. — Faisceau de quatre tubes complètement séparés les uns des autres dans leur partie terminale. — Fig. 2 : Faisceau de quatre tubes accolés deux par deux dans leur partie terminale. — Fig. 3 : Extrémité libre d'un tube : on voit par transparence divers corps étrangers inclus dans la paroi. — Fig. 4 : Un tube entier à demi rempli de sable : au-dessous de ce dernier, on voit les débris de l'individu constructeur du tube et qui était mort depuis un certain temps quand le *Cephalodiscus* a été dragué

que les orifices sont séparés les uns des autres ; lorsque, exceptionnellement, deux tubes restent accolés, l'un d'eux se prolonge au-dessus de l'autre. De plus, chaque tube est complètement indépendant de ses voisins dans toute son étendue ; il n'est accolé à quelques-uns des tubes voisins, dont il demeure nettement séparé, que dans sa partie moyenne.

Les tubes sont translucides ; leur diamètre extérieur moyen varie de $1^{mm},5$ à $1^{mm},7$ dans leur partie terminale ; en profondeur, à cause de la moindre épaisseur de la paroi, il n'est plus que de $1^{mm},2$ à $1^{mm},3$. La longueur de la partie libre des tubes au-dessus du cœnœcium qui les enveloppe est très variable ; elle peut s'élever parfois jusqu'à $2^{cm},5$. La longueur des tubes oscille elle-même entre des limites assez étendues ; ceux de la partie centrale, qui paraissent être les plus anciens, ont jusqu'à 7 centimètres de longueur. Ces longs tubes centraux sont-ils construits en entier par le même individu ? Il est possible que non ; il se peut que des bourgeons issus du progéniteur se succèdent dans chacun de ces tubes géants et superposent leur œuvre à celle de leurs devanciers. Il est certain, tout au moins, que certains bourgeons affranchis du stolon sortent du tube où ils ont été formés ; peut-être construisent-ils de nouveaux tubes intercalés entre les anciens, dans les espaces résultant des vides qui se créent entre les faisceaux, par suite de l'accroissement de volume et par conséquent de surface de la pseudo-colonie. K. A. Andersson s'est demandé si les bourgeons nouvellement formés ne vont pas réoccuper les tubes devenus vides, par suite de la mort de l'occupant. Après l'examen approfondi du *Cephalodiscus Anderssoni*, cette hypothèse me paraît peu vraisemblable.

Dans la partie extérieure au cœnœcium, la paroi du tube est lisse à l'intérieur, mais rugueuse, avec des bourrelets inégalement développés à l'extérieur. Les inégalités du calibre extérieur sont encore augmentées par des grains de sable adhérents au tube ou même complètement incorporés à sa masse (fig. 3). Çà et là, et même très nombreux en certains points, on voit de petits boudins de sable fin, de dimensions assez uniformes, et qui sont peut-être des excréments de l'individu qui a construit le tube ; parfois aussi, on trouve, dans les mêmes conditions, des Foraminifères semblables au *Polystomella* de nos côtes.

Le calibre extérieur des tubes diminue un peu de l'orifice à l'extrémité profonde et aveugle et passe de $1^{mm},6$-$1^{mm},7$ à $1^{mm},2$-$1^{mm},3$; l'épaisseur de la paroi décroît sensiblement de la même façon. La paroi de la région voisine du cul-de-sac terminal est très mince, parfaitement transparente, rougeâtre, dépourvue de toute inclusion de corps étrangers (fig. 4), lisse à l'extérieur comme à l'intérieur. Je n'ai trouvé aucune cloison transversale dans cette partie profonde, à la différence de ce que W. G. Ridewood a signalé chez le *C. nigrescens*. L'individu peut donc se mouvoir dans toute la longueur de son tube. Le mode de croissance de ce dernier n'est pas le même dans la partie profonde et la partie terminale. Dans celle-ci (fig. 5), les lignes de suture sont plus ou moins distantes les unes des autres et plus ou moins régulières, mais elles ne se coupent jamais, ce qui indique que l'animal sécrète un anneau complet sur la partie déjà construite du tube. Dans la partie supérieure de ce dernier, les lignes de suture s'entre-coupent de façon assez irrégulière (fig. 6), ce qui montre que l'animal ne travaille plus là d'une façon continue sur tout le pourtour ; il n'ajoute un

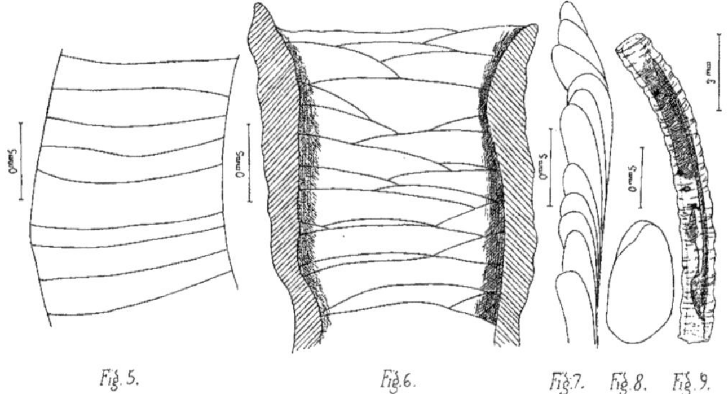

Fig. 5. — Partie profonde du tube ; les lignes de suture qui ne se coupent pas montrent que, dans cette région, l'accroissement du tube se fait par anneaux complets. — Fig. 6 : Partie terminale du tube ; les lignes de suture indiquent l'accroissement irrégulier du tube dans cette région. — Fig. 7 : Section longitudinale de la paroi du tube, dans la partie terminale libre de ce dernier. — Fig. 8 : Œuf détaché de l'animal qui l'a produit, libre dans la cavité du tube au voisinage des bourgeons. — Fig. 9 : Portion grossie d'un tube avec l'individu, visible par transparence, qui l'a construit. Au-dessous du corps de l'animal, on voit un cordon, le *stolon*, avec les bourgeons groupés à son extrémité ; l'un des bourgeons, à gauche, est détaché de la masse formée par les autres.

nouveau dépôt de sécrétion que sur un arc plus ou moins étendu. Il est à noter que, dans cette partie du tube, l'épaisseur de la paroi est beaucoup plus considérable que dans la partie initiale. En admettant que la sécrétion demeure aussi abondante, la même quantité de matière sécrétée ne peut fournir la même étendue de paroi. Si l'on examine la section longitudinale de la paroi du tube (fig. 7), on remarque que les dépôts successifs sur le bord supérieur se déposent assez irrégulièrement, ce qui explique l'aspect raboteux de la surface extérieure.

Tous les individus sont visibles par transparence à travers la paroi du tube ; malheureusement, leur état de conservation laisse fort à désirer et ne permet pas de les étudier d'une manière approfondie. Le tégument macéré reste adhérent à la paroi du tube dans lequel l'animal vivait, quand on cherche à extraire ce dernier de son habitation. Dans quelques très rares tubes, le *Cephalodiscus* se tenait au sommet, avec le panache tentaculaire épanoui, mais, dans tous les autres, l'animal se montre à des distances variables de l'orifice, à 2 et même 3 centimètres de celui-ci ; presque toujours, le panache tentaculaire est surmonté d'un petit tampon de sable ; d'autres tubes sont en grande partie remplis de sable ; dans ce cas, il y a presque toujours des débris de l'animal, qui était sans doute mort au moment où l'exemplaire a été dragué (fig. 4). Dans le voisinage des bourgeons et tout à fait libre, on voit parfois un œuf volumineux de couleur jaunâtre, de forme allongée, ayant de 1 millimètre à $1^{mm},1$ de grand axe et de $0^{mm},55$ à $0^{mm},60$ de petit axe (fig. 8). Ces œufs paraissent être insegmentés; des coupes minces, seules, permettraient de s'en assurer ; W. G. Ridewood a constaté que certains de ces œufs, chez le *C. nigrescens*, étaient en voie de segmentation. Les tentacules, groupés en faisceau compact, occupent toute la capacité du tube.

Le corps proprement dit est prolongé par un puissant stolon, dont les bourgeons se disposent aussi en général plus ou moins parallèlement à l'axe du tube ; les corps des jeunes individus, dont les stolons, en faisceau, continuent en quelque sorte le stolon du progéniteur, forment en se juxtaposant une masse terminale ; l'ensemble a, dans ce cas, 1 centimètre et même $1^{cm},2$ de longueur (fig. 9) ; parfois aussi, les stolons des bourgeons se pelotonnent et s'enchevêtrent. Le corps seul, sans le stolon, mesure de 4 millimètres à $4^{mm},5$ de longueur ; les glandes reproductrices sont toujours bien visibles par transparence, à cause de leur position superficielle. Il est impossible d'avoir une idée exacte de la pigmentation de l'animal vivant, à cause de l'état de conservation trop défectueux du tégument. La partie antérieure, ou lobe préoral, est plus fortement pigmentée que la partie postérieure, dont elle est séparée par une échancrure bien marquée. Chez un jeune bourgeon détaché récemment du stolon, il mesure 1 millimètre dans son grand axe antéro-postérieur. Chez les bourgeons plus jeunes, encore adhérents au stolon, l'opposition et la séparation entre les deux parties du lobe préoral sont encore plus fortement indiquées que chez les bourgeons affranchis de l'individu-souche (fig. 10 et 11). La bande rouge de ce lobe n'a pas laissé de trace chez les adultes, mais on la retrouve nettement marquée chez certains bourgeons jeunes.

Le stolon atteint fréquemment $2^{mm},7$ de longueur ; en arrière du corps, aplati dorso-ventralement, il présente, sur chacune des deux faces opposées, une dépression longitudinale médiane qui correspond peut-être à l'emplacement d'un vaisseau sanguin, suivant les dispositions indiquées par W. G. Ridewood chez le *C. nigrescens*. La largeur maxima du stolon est $0^{mm},4$. Il se renfle légèrement à son extrémité, de chaque côté de laquelle se développent les bourgeons (fig. 12 et 13) ; ceux-ci sont généralement au nombre de 3 au moins, de 8 au plus. Quant aux tentacules, j'en compte six paires chez le jeune bourgeon récemment détaché du stolon, dont il est question plus haut, sans pouvoir affirmer que c'est bien là le nombre exact. Je ne puis réussir à les compter avec sûreté chez les adultes. Chez un tout jeune bourgeon, je constate que l'extrémité de l'axe des tentacules n'est pas renflée (fig. 14) ; il paraît en être de même chez

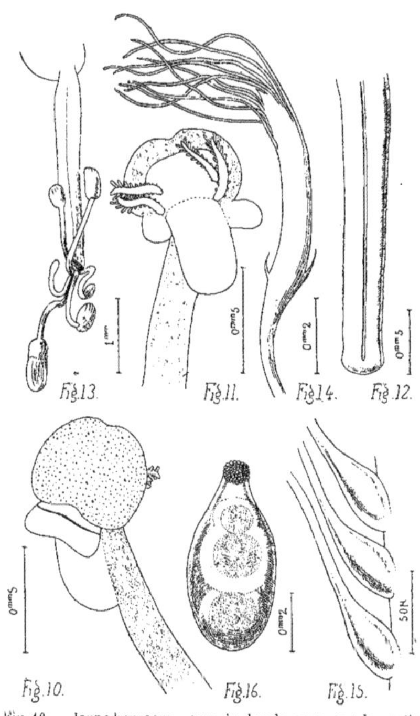

Fig. 10. — Jeune bourgeon, avec la bande rouge sur la partie postérieure du lobe préoral. — Fig. 11 : Le même bourgeon vu par la face opposée avec 2 paires de tentacules. — Fig. 12 : Extrémité postérieure du stolon dépouillé de ses bourgeons. — Fig. 13 : Le stolon avec ses bourgeons à divers états de développement. — Fig. 14 : Extrémité distale d'un tentacule chez un tout jeune bourgeon. — Fig. 15 : Ramifications latérales d'un tentacule, chez un individu adulte. — Fig. 16 : Ovaire, avec trois ovules.

les adultes, mais les ramifications latérales, ou pinnules, sont dilatées au niveau de leur insertion (fig. 15). Au reste, chez le *C. nigrescens*, d'après W. G. Ridewood, le nombre des tentacules n'est pas constant : il est généralement de 14, mais quelquefois de 16 et aussi de 12. Cet auteur dit, en outre, que la présence accidentelle d'un très petit tentacule parmi les 13 ou 14 grands, chez un individu complètement développé, suggère que le nombre peut être sujet à s'accroître quand l'état adulte est atteint. La figure 11 représente chez un jeune bourgeon les deux premières paires de tentacules avec leurs pinnules encore très réduites.

Chez les individus que j'ai examinés, il existait deux ovaires ou un testicule et un ovaire. La nature des organes génitaux ne paraît pas liée à la position du tube dans la société dont il fait partie. W. G. Ridwood a fait la même constatation chez le *C. nigrescens*. L'ovaire a la forme d'une bouteille à col court. L'oviducte présente dans sa partie terminale une pigmentation rouge intense dont la teinte rappelle celle de la ligne colorée du bouclier ou lobe préoral. En colorant en masse un ovaire et montant la préparation dans la glycérine, on voit par transparence, dans l'organe vu de profil (fig. 16), trois gros ovules pourvus chacun d'un noyau volumineux, ce qui paraît mieux correspondre à la disposition représentée par K. A. Andersson pour le *C. solidus* (Pl. VII, fig. 64) qu'à celle donnée par W. G. Ridewood pour le *C. nigrescens* (Pl. 5, fig. 40). Pour sortir par l'oviducte, de tels ovules doivent subir un étirage intense.

Deux fois, j'ai trouvé un individu jeune adhérant fortement à la face extérieure du tube d'où il était très récemment sorti, pour aller sans doute se fixer ailleurs et se construire lui-même son tube, car il se dirigeait visiblement vers le cœnœcium. Le stolon ne présentait pas trace de bourgeon. K. A. Andersson a observé des faits du même ordre chez le *C. inæquatus* Andersson, qu'il a pu examiner sur des exemplaires vivants. Un autre tube du *C. Anderssoni* avait, au niveau de son orifice, un bourgeon qui venait de se détacher et, immédiatement au-dessous de lui, le progéniteur qui le soutenait en quelque sorte ; les tentacules du bourgeon et du parent étaient intriqués les uns dans les autres, comme si la sortie du tube se faisait avec le concours de l'individu-souche.

Avec ses tubes absolument indépendants les uns des autres, le *Cephalo-*

discus de l'Antarctique se range dans le sous-genre *Idiothecia* et, par son facies, il se rapproche beaucoup des formes rapportées par l'expédition antarctique suédoise, pour lesquelles Andersson a fondé le nouveau sous-genre *Orthœcus*. Il est particulièrement voisin du *C. rarus* Andersson provenant du voisinage de la Terre de Graham (64° 36′ lat. S., 57° 41′ long. W.; 62° 55′ lat S., 55° 57′ long. W.; profondeur : 104 mètres). Il en diffère surtout par le fait que, chez le *C. rarus*, les tubes sont unis entre eux par leur partie inférieure seulement et qu'ils sont complètement isolés les uns des autres dans toute leur étendue. Il est fort probable que cette espèce peut prendre une taille beaucoup plus considérable que celle représentée par les figures 5 et 6 (Taf. 2) du mémoire d'Andersson. Au point de vue du développement relatif du cœnœcium, le *Cephalodiscus* de l'Antarctique présente un état intermédiaire entre le *C. rarus* et le *C. solidus* Andersson.

En étudiant le *Cephalodiscus Anderssoni*, j'ai trouvé deux individus parasités par des Copépodes femelles pourvus tous deux de gros ovules bien visibles par transparence; ces Crustacés appartiennent au genre *Zanclopus* Calman, dont ils constituent une espèce nouvelle que j'ai décrite sous le nom de *Zanclopus antarcticus* (1).

22 Mai 1912.

(1) Ch. Gravier, Sur un Copépode nouveau (*Zanclopus antarcticus* n. sp.) parasite d'un *Cephalodiscus* de la seconde Expédition antarctique française et sur l'évolution du genre *Zanclopus* Calman (*Bull. Mus. Hist. nat.*, t. XVIII, 1912, p. 240-245, 4 figures dans le texte).

INDEX BIBLIOGRAPHIQUE

1903. ANDERSSON (K.-A.). — Eine Wiederentdeckung von *Cephalodiscus* (*Zool. Anzeiger*, vol. XXVI, p. 368).

1903. ANDERSSON (K.-A.). — Die Pterobranchier der schwedischen Sudpolarexpedition 1901-1903 nebst Bemerkungen über *Rhabdopleura Normani* Allman (*Wissensch. Ergebn. der Schwed. Südpolarexped., 1901-1903*, Bd. V, Lief. 10, 122 p., 8 pl.).

1912. GRAVIER (C.). — Sur une nouvelle espèce de *Cephalodiscus* (*C. Anderssoni* n. sp.) provenant de la seconde expédition antarctique française (*Bull. Mus. Hist. nat.*, t. XVIII, p. 146-150, fig. *a-e* dans le texte).

1912. GRAVIER (C.). — Sur la répartition géographique des espèces actuellement connues du genre *Cephalodiscus* Mac Intosh (*Bull. Mus. Hist. nat.*, t. XVIII, p. 151-153).

1905. HARMER (S.-F.). — The *Pterobranchia* of the Siboga-Expedition with an Account on other Species (*Siboga-Expeditie*, XXVI *bis*, 132 p., 14 pl., 2 fig. dans le texte).

1905. LANKESTER (E.-R.). — On a new species of *Cephalodiscus* (*C. nigrescens*) from the Antarctic Ocean (*Proc. Roy. Soc.*, p. 400-402, 1 pl.).

1882. MAC INTOSH (W.-C.). — Preliminary notice of *Cephalodiscus*, a new type allied to prof. Allman's Rhabdopleura, dredged in H. M. S. « Challenger » (*Ann. and. Magaz. of natur. History*, vol. X, p. 337-348).

1883. MAC INTOSH (W.-C.). — Preliminary note on *Cephalodiscus*, a new form allied to Prof. Allman's *Rhabdopleura* [*Rep. Brit. Assoc.* (Southampton), p. 596-597].

1887. MAC INTOSH (W.-C.). — Report on Cephalodiscus, a new type of the Polyzoa (*Chall. Reports*, *Zool.*, vol. XX, 47 p., 7 pl).

1907. RIDEWOOD (W.-G.). — Pterobranchia. Cephalodiscus (*Nation. antarct. Exped.*, vol. II, 67 p., 7 pl., 17 fig. dans le texte).

1908. RIDEWOOD (W.-G.). — A new species of Cephalodiscus (C. Gilchristi) from the Cape Seas (*Mar. Invest. in South Africa*, p. 173-192, 3 pl., 5 fig. dans le texte).

1907. SCHEPOTIEFF (A.). — Die Pterobranchier III. Anatomie von Cephalodiscus (*Zool. Jahrb.*, *Abt. für Anat. und Ontog. der Tiere*, Bd XXIV, p. 553-608).

1908. SCHEPOTIEFF (A.). — Die Pterobranchier. IV. Knospungsprozesz von Cephalodiscus und vergleichend-anatomischer Teil. (*Id.*, Bd XXV, p. 405-494, Taf. 12-14 *b*, 1 fig. dans le texte).

1908. SCHEPOTIEFF (A.). — Neuere Arbeiten über Pterobranchier (*Zool. Centralblatt*, Bd. XIV, p. 729-746).

1909. SCHEPOTIEFF (A.). — Die Pterobranchier des indischen Ozeans (*Zool. Jahrb.*, *Abt. für Syst., Geogr. und Biol. der Tiere*, Bd XXVIII, p. 429-448, Taf. 7 et 8).

CHÉTOGNATHES

Par Louis GERMAIN

DOCTEUR ÈS SCIENCES, PRÉPARATEUR AU MUSÉUM

Les Chétognathes rapportés par la deuxième expédition antarctique française, commandée par M. le Dr J. CHARCOT, ont été recueillis avec beaucoup de soins par M. le Dr J. LIOUVILLE, médecin et naturaliste de la Mission. Trois espèces seulement ont été récoltées, et toutes trois appartiennent au seul genre *Sagitta*; mais les individus sont assez nombreux, et il semble bien que ces animaux sont communs dans le mésoplancton de l'Antarctique.

Les Chétognathes connus dans les mers antarctiques sont encore en nombre assez restreint. Ils se répartissent dans les genres *Sagitta*, *Eukrohnia* et *Heterokrohnia*. Nous allons rapidement passer en revue, pour chaque genre, l'état de nos connaissances sur ce sujet.

I. — Genre **Sagitta** Quoy et Gaimard (1).

Ce genre est celui qui fournit les espèces les plus nombreuses.

L'expédition du « Siboga » (FOWLER, **1906**, p. 12) a recueilli assez abondamment, vers le 45° de latitude sud, le *Sagitta hexaptera* d'Orbigny, également rapporté par la mission J. Charcot. Par contre, le « Gauss » n'a récolté qu'un seul spécimen de cette espèce, dragué à 385 mètres de profondeur (RITTER-ZÁHONY, **1911**, p. 54) (2). Cette rareté provient, en grande partie du moins, de ce fait que le « Gauss » a parcouru le sud de l'Océan indien, tandis que les expéditions du « Siboga » et du « Pourquoi

(1) QUOY et GAIMARD, in *Annales des sciences naturelles*, vol. X, 1827, p. 232.

(2) Le Chétognathe recueilli par l'expédition antarctique anglaise de la « Discovery » et décrit par FOWLER [**1907**, p. 1] sous le nom de *Sagitta hexaptera* d'Orbigny, a été distingué avec raison, ainsi que nous le verrons plus loin, sous le nom de *Sagitta Gazellæ* Ritter-Záhony [**1909**, p. 787]. Cette espèce remplacerait le véritable *Sagitta hexaptera* d'Orbigny, au sud du 45° de latitude sud.

Pas? » ont séjourné dans l'Antarctide sud-américaine. Le *Sagitta hexaptera* d'Orbigny est d'ailleurs une espèce cosmopolite vivant dans toutes les eaux dont la température varie entre 29°-30° et 0°. Elle se rencontre à la fois dans les mers arctiques et dans les mers subantarctiques.

Cependant, dans les mers polaires antarctiques, cette espèce est, le plus souvent, remplacée par le *Sagitta Gazellæ* Ritter-Záhony (1), Chétognathe très abondamment pêché, entre 50 et 3 000 mètres, sur le parcours suivi par le « Gauss » dans le sud de l'océan Indien (Ritter-Záhony, **1911**, p. 57) (2). Le « Pourquoi Pas? » en a également recueilli de nombreux spécimens jusqu'au 70° de latitude sud. Enfin, sous le nom de *Sagitta hexaptera*, Fowler [**1907**, p. 1] signale cette même espèce par 77° 49′ de latitude sud, ce qui est actuellement le point le plus sud où nous connaissons des Chétognathes.

Le *Sagitta maxima* Conant, très répandu dans les mers arctiques, vit également dans les régions antarctiques, mais y semble moins commun. Il a été recueilli au cours de l'expédition antarctique allemande (Ritter-Záhony, **1911**, p. 56) et pendant la seconde Mission Charcot.

Enfin deux autres espèces de *Sagitta* sont encore connues dans l'Antarctique (3) : le *Sagitta serratodonta* Krohn (4), recueilli par la « Discovery » (Fowler, **1907**, p. 4) et le « Siboga » aux îles Malouines et au détroit de Magellan (Fowler, **1906**, p. 60); le *Sagitta planctonis* Steinhaus (5), trouvé assez communément par le « Gauss » (Ritter-Záhony, **1911**, p. 60) et que le « Challenger » avait déjà rencontré par 65°42′ de latitude sud (Fowler, **1907**, p. 5) (6).

II. — Genre **Eukrohnia** Ritter-Záhony (7).

Deux espèces d'*Eukrohnia* sont actuellement connues dans les mers antarctiques.

(1) Ritter-Záhony (R. von), **1909**, p. 787.

(2) Le *Sagitta Gazellæ* Ritter-Záhony vit également sur les côtes de l'archipel de Kerguelen et au sud de ces îles.

(3) Et aussi dans les régions subantarctiques.

(4) Krohn, **1853**, p. 272.

(5) Steinhaus, **1896**, p. 7 et p. 39, Taf. I, fig. 1-2.

(6) Dans son travail, Fowler signale cette espèce sous le nom de *Sagitta Zetesios*.

(7) Ritter-Záhony (R. von), **1909**, p. 792. Nouveau nom pour le genre *Krohnia* Langerhans [**1880**, p. 136], qui est préoccupé.

La première est l'*Eukrohnia hamata* Möbius (1), espèce qui vit depuis le 81° 30′ de latitude nord (Römer et Schaudin) jusqu'au 77° 49′ de latitude sud (Fowler, **1907**, p. 6) à des profondeurs variables dans les mers chaudes et vers la surface dans les mers froides. L'expédition allemande du « Gauss » en a recueilli de nombreux spécimens à toutes profondeurs entre la surface et 3 423 mètres.

La seconde espèce est l'*Eukrohnia Fowleri* (2) décrite par Ritter-Záhony et pêchée par les naturalistes du « Gauss » entre 1 200 et 3 420 mètres.

III. — Genre **Heterokrohnia** Ritter-Záhony (3).

Enfin l'*Heterokrohnia mirabilis* Ritter-Záhony (4) clôt cette courte liste des Chétognathes antarctiques. C'est une espèce peu répandue, pêchée entre 2 000 et 3 400 mètres au cours des dragages effectués sur le « Gauss ».

Le tableau suivant résume toutes nos connaissances sur les Chétognathes des mers polaires antarctiques.

(1) Möbius, **1875**, p. 158.
(2) Ritter-Záhony (R. von), **1909**, p. 793.
(3) Ritter-Záhony (R. von), **1911**, p. 42, et **1911**[a], p. 31.
(4) Ritter-Záhony (R. von), **1911**, p. 42, fig. 46-47.

NOMS DES ESPÈCES.	LATITUDE.	LONGITUDE.	PROFONDEUR.	EXPÉDITIONS.
Genre **Sagitta**.				
Sagitta hexaptera d'Orbigny.	45° S.	Ocean Pacifique	»	« Siboga » [FOWLER].
	Stat. du « Gauss ».	Terre Wilhelm II.	385	« Gauss » [RITTER-ZÁHONY].
	69° 15′ S. (Nos 775, 777, 778, 783, 854 et 864.)	108° 5′ W.	0-950	« Pourquoi Pas? »
	45° S.	70° W.	»	« Gazelle » [RITTER-ZÁHONY].
	44°5′ S.	73°32′ W.	»	
	77°49′ S.	166° E.	»	« Discovery » [FOWLER] (1).
	51°20′ S.	126°23′ E.	surface	
	48°44′ S.	100°16′ E.	surface	
	45°8′ S.	44°47′ E.	surface	
	45° S.	40°57′ E.	surface	
	56°12′ S.	136°18′ W.	»	
	58°49′ S.	124°48′ W.	»	
	59°19′ S.	120°24′ W.	»	
	59°34′ S.	106°28′ W.	»	
	55°44′ S.	95°43′ W.	»	
Sagitta Gazellæ Ritter-Záhony.	Stat. du « Gauss ».	Terre Wilhelm II.	20-385	« Gauss » [RITTER-ZÁHONY].
	68°35′ S.	87°25′ W.	400	
	65°30′ S.	85°40′ W.	400	
	65°33′ S.	85°19′ W.	400	
	65°33′ S.	85°19′ W.	150	
	65°22′ S.	85° 7′ W.	400	
	65°18′ S.	85° 5′ W.	400	
	65°53′ S.	85°11′ W.	1 200	
	64°34 S.	85°25′ W.	400	
	64°29′ S.	85°24′ W.	3 000	
	63°43′ S.	82°4′ W.	400	
	65°2′ S.	81°11′ W.	400	
	65°6′ S.	80°28′ W.	2 000	
	65°15′ S.	80°19′ W.	150	
	69°15′ S. (Nos 778, 783, 854 et 864.)	108°5′ W.	0-950	« Pourquoi Pas? »
Sagitta maxima Conant.	65°30′ S.	85°40′ W.	400	« Gauss » [RITTER-ZÁHONY].
	65°12′ S.	84°57′ W.	1 200	
	63°43′ S.	82°4′ W.	400	
	65°6′ S.	80°28′ W.	2 000	
	65°15′ S.	80°19′ W.	3 423	
	69°15′ S. (N° 864).	108°5′ W.	0-950	« Pourquoi Pas? »
Sagitta serratodonta Krohn.	Iles Malouines.	....	surface	« Siboga » [FOWLER].
	Détroit de Magellan.	....	surface	
	77°49′ S.	166° E.	surface	« Discovery » [FOWLER].
	51°20′ S.	126°25′ E.	surface	
	45° S.	40°57′ E.	surface	
	Détroit de Magellan.	....	»	STEINHAUS, **1900**, p. 3.
	45°31′ S.	78°9′ W.	»	« Challenger » [FOWLER].
	47°25′ S.	130°22′ E.	»	

(1) Signalé sous le nom de *Sagitta hexaptera* d'Orbigny par FOWLER [**1907**, p. 1].

NOMS DES ESPÈCES.	LATITUDE.	LONGITUDE.	PROFONDEUR.	EXPÉDITIONS.
Sagitta planctonis Steinhaus.	64°27′ S.	90°48′ E.	surface	« Challenger » [FOWLER](1).
	65°42′ S.	79°49′ E.	surface	
	Stat. du « Gauss ».	Terre Wilhelm II.	20-385	« Gauss » [RITTER-ZÁHONY].
	68°35′ S.	87°25′ W.	400	
	65°30′ S.	85°40′ W.	400	
	65°33′ S.	85°19′ W.	150	
	65°33′ S.	85°19′ W.	400	
	65°22′ S.	85°7′ W.	400	
	65°18′ S.	85°5′ W.	400	
	65°53′ S.	85°11′ W.	1 200	
	64°34′ S.	85°25′ W.	400	
	64°29′ S.	85°24′ W.	3 000	
	63°43′ S.	82°4′ W.	400	
	65°2′ S.	81°11′ W.	200	
	65°6′ S.	30°28′ W.	2 000	
	65°15′ S.	80°19′ W.	150	
	65°1′ S.	79°28′ W.	3 423	
Genre **Eukrohnia**.				
Eukrohnia hamata Möbius.	Iles Malouines.	....	surface	« Siboga » [FOWLER].
	56°31′ S.	156°19′ E.	surface	« Discovery » [FOWLER].
	56°12′ S.	136°18′ W.	»	
	58°49′ S.	124°48′ W.	»	
	59°19′ S.	120°24′ W.	»	
	59°34′ S.	106°28′ W.	»	
	55°44′ S.	95°43′ W.	»	
	Stat. du « Gauss ».	Terre Wilhelm II.	20-385	« Gauss » [RITTER-ZÁHONY].
	68°35′ S.	87°25′ W.	400	
	65°33′ S.	87°23′ W.	200	
	65°33′ S.	87°23′ W.	400	
	65°33′ S.	85°19′ W.	400	
	65°18′ S.	85°5′ W.	400	
	64°34′ S.	85°25′ W.	400	
	64°29′ S.	85°24′ W.	3 000	
	64°6′ S.	84°15′ W.	100	
	64°6′ S.	84°15′ W.	300	
	63°43′ S.	82°4′ W.	400	
	65°2′ S.	81°11′ W.	200	
	65°15′ S.	80°19′ W.	150	
	65°1′ S.	79°28′ W.	3423	
	45°31′ S.	78°0′ W.	»	« Challenger » [FOWLER].
	47°25′ S.	130°22′ E.	»	
	46°46′ S.	45°31′ E.	»	
	52°4′ S.	71°22′ E.	»	
	62°26′ S.	95°44′ E.	»	
	64°27′ S.	90°48′ E.	»	
	65°42′ S.	79°49′ E.	»	
Eukrohnia Fowleri Ritter-Záhony.	65°12′ S.	84°57′ W.	1 200	« Gauss » [RITTER-ZÁHONY].
	64°29′ S.	86°24′ W.	3 000	
	65°6′ S.	80°28′ W.	2 000	
	65°15′ S.	80°19′ W.	3 423	
Genre **Heterokrohnia**.				
Heterokrohnia mirabilis Ritter-Záhony.	64°29′ S.	85°24′ W.	3 000	« Gauss » [RITTER-ZÁHONY].
	65°6′ S.	80°28′ W.	2 000	
	65°15′ S.	80°19′ W.	3 423	

(1) Signalé sous le nom de *Sagitta Zetesios* par FOWLER [1907, p. 5].

L'examen de ce tableau montre que la plupart des Chétognathes de l'Antarctique vivent également dans les mers arctiques. C'est le cas, notamment, des :

Sagitta hexaptera d'Orbigny.	*Sagitta planctonis* Steinhaus.
Sagitta maxima Conant.	*Eukrohnia hamata* Möbius.

Mais il ne saurait être question de considérer ces espèces comme bipolaires, car toutes sont *absolument cosmopolites*. Elles vivent à peu près dans toutes les mers, mais à des profondeurs variables, se rapprochant volontiers de la surface dans les mers froides.

Les genres *Pterosagitta* A. Costa, *Spadella* Langerhans et *Krohnitta* Ritter-Záhony, sont inconnus jusqu'ici dans l'Antarctique. Par contre, deux espèces semblent spéciales aux mers froides qui entourent le pôle Sud :

Sagitta Gazellæ Ritter-Záhony.	*Heterokrohnia mirabilis* Ritter-Záhony (1).

La première se rencontre dans toutes les mers au-dessous du 45° de latitude sud ; la seconde semble plus localisée : elle est connue du voisinage de la banquise, dans l'océan Indien, où elle vit entre 2000 et 3400 mètres de profondeur.

Ajoutons enfin que c'est dans les mers froides que se trouvent les géants des Chétognathes. Ces animaux obéissent ici à une règle très générale observée déjà dans un grand nombre de groupes d'Invertébrés comme les Némertes, les Tuniciers, les Annélides, etc., chez lesquels les cas de gigantisme sont particulièrement fréquents dans les océans polaires.

(1) Ritter-Záhony (R.), **1911**, p. 42, fig. 46-47.

Genre **SAGITTA** Quoy et Gaimard, 1827.

Sagitta hexaptera d'Orbigny.

1835. *Sagitta hexaptera* D'ORBIGNY, *Voyage Amérique méridionale*, V, part. III, p. 143, Pl. X, fig. 4-5 (subn. *exaptera*).
1843. *Sagitta mediterranea* FORBES, Addition of the Order Nucleobranchia British Molluscous Fauna. *Meeting Brit. Associat. Trans. Sect.*, p. 73.
1844. *Sagitta bipunctata* KROHN, *Anatomisch-physiolog. Beobacht. über die* Sagitta bipunctata, p. 276.
1858. *Sagitta bipunctata* GEGENBAUR, *Ueber die Entwicklung der Sagitta*, p. 5.
1870. *Sagitta tricuspidata* KENT, *Annals and Magazine Natural History*, 4e série, V, p. 268.
1880. *Sagitta hexaptera* HERTWIG, Die Chätognathen. *Jen. Zeitschr.*, nouv. série, VII, p. 254.
1881. *Sagitta longidentata* GRASSI, Interno ai Chetognati. *Rend. Ist. Lomb.*, série II, XIV, p. 11.
1883. *Spadella hexaptera* GRASSI, I Chetognati. *Fauna und Flora des Golfes von Neapel*, V, p. 10.
1892. *Sagitta hexaptera* STRODTMANN, Die Systemat. der Chätognathen. *Arch. Naturg. Jahrg.*, p. 340 et 367.
1903. *Sagitta hexaptera* KRUMBACH, Ueber die Greifhaken der Chätognathen. *Zoolog. Jahrbüch.*, *Systemat.*, XVIII, p. 633.
1906. *Sagitta hexaptera* FOWLER, *Chætognatha of the Siboga Expedition*, p. 11, n° 4, Pl. I, fig. 30 à 37 (*part.*).
1909. *Sagitta hexaptera* STRODTMANN, Die Chætognathen, *Nordisches Plankton*, X, p. 13, n° 13, fig. 1-2-3.
1909. *Sagitta hexaptera* RITTER-ZÁHONY, *Zoologischen Anzeiger*, XXXIV, p. 789.
1910. *Sagitta hexaptera* RITTER-ZÁHONY, Chætognatha coast Ireland. *Scientific Investigations*, Dublin, IV, p. 2.
1910. *Sagitta hexaptera* RITTER-ZÁHONY, *Zoologisch. Jahrbüch.*, Suppl. XI, p. 140.
1911. *Sagitta hexaptera* RITTER-ZÁHONY, *Die Chätognathen d. Plankton Expedition*, p. 4.
1911. *Sagitta hexaptera* RITTER-ZÁHONY, Revis. d. Chätognathen. *Deutsche Südpolar Expedition*, V (tir. à part, p. 7, fig. 1).
1911. *Sagitta hexaptera* RITTER-ZÁHONY. Chætognathi. *Das Tierreich.*, XXIX, p. 12, fig. 6-7.

N° 775. — Dragage XXI; 18 janvier 1910. En bordure de la banquise par 69° 15′ latitude sud et 108° 5′ longitude ouest (Paris), deux heures après midi. Filet pélagique à grande ouverture. Une dizaine de spécimens.

N° 777. — Dragage XXI; 18 janvier 1910. Même localité. Quelques individus.

N° 778. — Dragage XXI; 18 janvier 1910. Même localité. Une dizaine d'exemplaires.

N° 783. — Dragage XXI; 18 janvier 1910. Même localité. Un spécimen.

N° 854. — Dragage XXI; 18 janvier 1910. Même localité. Quelques individus.

N° 864. — Dragage XXI; 18 janvier 1910. Même localité. Quelques exemplaires.

Cette espèce, très répandue dans le plancton de l'océan Atlantique, ne montre pas, dans les régions antarctiques, de caractères bien spéciaux. Les spécimens assez nombreux récoltés par le Dr J. LIOUVILLE sont de forme très allongée; leurs nageoires sont relativement étroites et, d'ailleurs, fortement contractées par le séjour prolongé des animaux dans l'alcool.

Voici la formule de quelques-uns des spécimens recueillis au cours de l'expédition du « Pourquoi Pas? » :

LONGUEUR TOTALE du corps.	DIAMÈTRE maximum du corps.	NOMBRE de crochets.	NOMBRE de dents antérieures.	NOMBRE de dents postérieures.	STATIONS.
24 millim.	2 millim.	7	3	5	783
21 —	2 —	6	3	4	
30 millim.	2 1/4 millim.	6	4	5	777
26 —	2 —	6 + 1 (1).	5	5	
22 —	2 —	7	5	6	
18 —	1 3/4 —	6 + 1	4	5	
17 —	2 —	6	4	5	
23 millim.	1 4/5 millim.	6	4	5	775
21 —	2 —	7 + 1	5	5	
23 —	2 —	6 + 1	3	4	
18 —	1 3/4 —	5	3	5	

(1) Les crochets ainsi marqués sont ceux en voie de développement.

Le *Sagitta hexaptera* d'Orbigny est une espèce véritablement cosmopolite, qui vit en abondance dans les océans Atlantique, Indien et Pacifique. Elle est surtout répandue dans le plancton de l'océan Atlantique entre le 40° de latitude nord et le 40° de latitude sud. FOWLER (**1906**, p. 56-58) a donné le relevé détaillé des localités où cette espèce a été recueillie ; nous y renvoyons le lecteur.

Sagitta Gazellæ Ritter-Záhony.

(Fig. 1-2.)

1907. *Sagitta hexaptera* FOWLER, Chætognatha. *National antarctic Expedition* (« Discovery »); *Hist. natur.*, III, p. 1.

1908. *Sagitta* sp. inn., FOWLER, Chætognatha ; Notes on a small collection of Plancton from New-Zealand. *Annals and magaz. natural History*, série VIII, vol. 1, p. 240.

1909. *Sagitta Gazellæ* RITTER-ZÁHONY, *Zoologischen Anzeiger*, XXXIV, p. 787, fig. 1.

1911. *Sagitta Gazellæ*, RITTER-ZÁHONY, Revis. d. Chatognathen. *Deutsche Südpolar Expedition ;* V, tirés à part, p. 10, fig. 4 à 7.

1911. *Sagitta Gazellæ* RITTER-ZÁHONY, Chætognathi. *Das Tierreich.*, XXIX, p. 14.

N° 778. — Dragage XXI ; 18 janvier 1910. En bordure de la banquise,

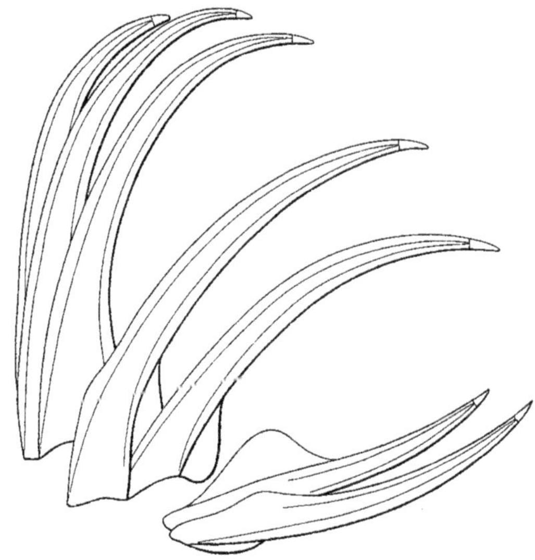

Fig. 1. — *Sagitta Gazellæ* Ritter-Záhony. — Vue d'ensemble des crochets céphaliques. × 60. Antarctique ; station 864.

par 69°15′ latitude sud et 108° 5′ longitude ouest, deux heures après midi. Filet pélagique à grande ouverture, de 950 mètres à la surface. Nombreux échantillons.

N° 783. — Dragage XXI; 18 janvier 1910. Même localité. Deux individus.

N° 854. — Dragage XXI; 18 janvier 1910. Même localité. Nombreux spécimens.

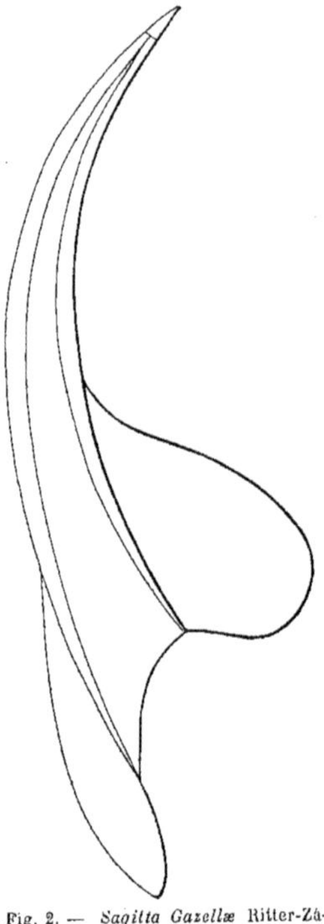

N° 864. — Dragage XXI; 18 janvier 1910. Même localité. Quelques individus.

Fig. 2. — *Sagitta Gazellæ* Ritter-Záhony. — Un crochet céphalique isolé. × 100.
Antarctique; station 864.

Les descriptions données par Ritter-Záhony suffisent à la connaissance de cette espèce qui, au premier examen, ressemble beaucoup au *Sagitta hexaptera* d'Orbigny. Toutefois les caractères de l'armature céphalique permettent de distinguer facilement les deux formes.

La tête est petite; elle est ornée de crochets dont le nombre varie de 7 à 10, la plupart des individus en possédant sept. Ces crochets (fig. 1) sont en forme de lames minces, longues et étroites, fortement recourbés à leur extrémité libre et enfermés, à leur base, dans une gaine assez large et dont la forme caractérise nettement cette espèce (fig. 2).

Les dents antérieures et postérieures sont petites, coniques, aiguës, fortement serrées les unes contre les autres et en nombre variable suivant les individus. (On compte, le plus souvent, six-sept dents antérieures et dix-onze dents postérieures.) Les jeunes n'ont parfois que trois dents antérieures et trois dents postérieures.

Voici la formule de quelques-uns des spécimens recueillis pendant l'expédition du « Pourquoi Pas ? » (station 864).

LONGUEUR TOTALE du corps.	RAPPORT : Segment caudal. / Longueur du corps.	NOMBRE de crochets.	NOMBRE de dents antérieures.	NOMBRE de dents postérieures.
33 millim.............	$\frac{14}{100}$	7	6-7	10
28 —	$\frac{13\text{-}15}{100}$	6-7	6-8	9-11
27 —	$\frac{14}{100}$	7-8	7	10-11
25 —	$\frac{14\text{-}15}{100}$	8-9	6-7	10-11
20 —	$\frac{15}{100}$	7	6-7	9-10
19 —	$\frac{14\text{-}16}{100}$	7-10	4-5	5-6
18-18 1/2 millim........	$\frac{14\text{-}16}{100}$	7-9	4-5	4-5

On voit que ces exemplaires sont de taille relativement faible, car Fowler (**1907**, p. 2) et Ritter-Záhony (**1911**, p. 11) ont étudié des spécimens atteignant jusqu'à 71 et même 75 millimètres de longueur.

Voici, d'ailleurs, les formules de quelques-uns des spécimens recueillis par la « Discovery » (Fowler, **1907**, p. 2).

LONGUEUR TOTALE DU CORPS.	NOMBRE de crochets.	NOMBRE de dents antérieures.	NOMBRE de dents postérieures.
75 millim.....................	7-8	4-5	8-9
50 —	8	7	7
43 —	7-8	3-5	5-7
38 —	8	5	6
30 —	8-9	4-5	7
26 —	8-10	3-4	4-6
17 —	9	3	2
15 —	8-9	3	2

Ritter-Záhony (**1911**, p. 11) a donné les formules d'un grand nombre d'individus recueillis dans l'Antarctique à la station du « Gauss ». Nous en extrayons les chiffres suivants :

LONGUEUR TOTALE du corps.	RAPPORT : Segment caudal. / Longueur du corps.	NOMBRE de crochets.	NOMBRE de dents antérieures.	NOMBRE de dents postérieures.
71 millim.	10/100	7-8	7-8	10-11
62 —	13/100	8	7	9-11
58 —	11-14/100	7-8	6-8	8-10
50 —	13-14/100	8	6-7	7-9
43 —	14/100	8-9	6	7-9
36 —	14-15/100	8-9	5-6	5-8
30 —	14-15/100	8-9	3-6	5-7
25 —	15-16/100	9-10	4-5	4-5

On voit, par l'examen de ces tableaux, que le *Sagitta Gazellæ* Ritter-Záhony est une espèce assez constante et qui, en dehors de la forme particulière de ses crochets, se sépare facilement du *Sagitta hexaptera* d'Orbigny, par le nombre toujours bien plus grand de ses dents antérieures et postérieures (1).

L'aire de distribution de cette espèce comprend toutes les régions subantarctiques et antarctiques du globe. D'après les observations de Ritter-Záhony, qui a très soigneusement étudié les Chétognathes de l'expédition antarctique allemande du « Gauss », le *Sagitta Gazellæ* vit, à toutes profondeurs, au sud du 45° de latitude sud dans les océans Atlantique, Indien et Pacifique. Il y remplacerait le *Sagitta hexaptera* d'Orbigny, qui, de fait, devient de plus en plus rare à mesure que l'on avance vers le pôle Sud.

Sagitta maxima Conant.
(Fig. 3 à 6.)

1885. Spec. innom. Verrill, *Report Unit. stat. Fish Commiss.*, XI, p. 594.
1896. *Spadella maxima* Conant, *John's Hopkins University Circulars*, XV, n° 126, p. 84, n° 2.

(1) Fowler (1907, p. 2) avait entrevu ces différences et, après les avoir très rapidement indiquées, il ajoute : « There seems no reason to regard these two points as sufficiently important to justify the separation of Antarctic specimens from d'Orbigny's species. »

1896. *Sagitta Whartoni* FOWLER, Plankton of the Færoe Channel. *Proceed. zoological society of London*, p. 992.

1905. Sp. indeterm. II, FOWLER, *Chætognatha* (Biscayan Plankton). *Transactions linnean society of London*, X, part. III, p. 73.

1906. *Sagitta gigantea* BROCH, Ueber die Chätognathen des Noordmeeres. *Nyt. Mag. Naturv.*, XLIV, p. 146.

1910. *Sagitta maxima* RITTER-ZÁHONY, Die Chätognathen. *Fauna arctica*, V, p. 264, Taf. V, fig. 7, 8 et 10.

1910. *Sagitta maxima* RITTER-ZÁHONY, Chætognatha coast Ireland. *Scientific Investigations*, Dublin, IV, p. 3.

1911. *Sagitta maxima* RITTER-ZÁHONY, *Die Chätognathen d. Plankton-Expedition*; p. 5.

1911. *Sagitta maxima* RITTER-ZÁHONY, Revis. d. Chätognathen. *Deutsche Südpolar Expedition*, V (tirés à part, p. 8, fig. 2).

1911. *Sagitta maxima* RITTER-ZÁHONY, Chætognathi, *Das Tierreich*, XXIX, p. 15.

N° 864. — Dragage XXI; 18 janvier 1910. En bordure de la banquise, par 69° 15′ latitude sud et 108° 05′ longitude ouest, deux heures après-midi. Filet pélagique à grande ouverture, de 950 mètres à la surface. Une dizaine d'exemplaires.

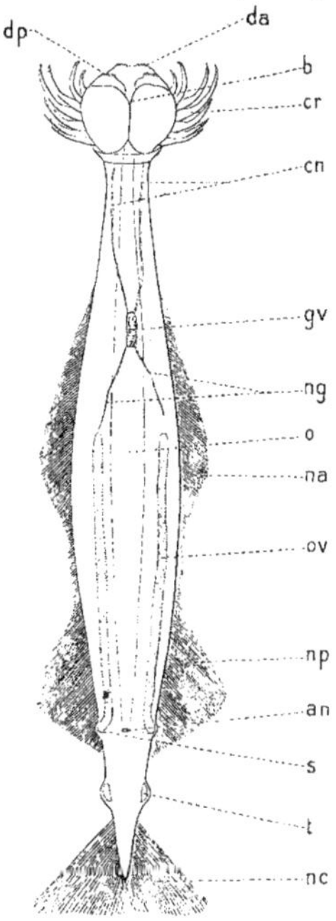

Fig. 3. — *Sagitta maxima* Conant. — Ensemble de l'animal vu par la face ventrale. × 2. Antarctique; Station 864: *da*, dents antérieures; *dp*, dents postérieures; *cr*, crochets; *b*, bouche; *œ*, tube digestif: *an*, anus; *s*, septum; *gv*, ganglion ventral; *cn*, collier nerveux; *ng*, nerfs génitaux; *ov*, ovaire; *t*, testicule: *na*, nageoire antérieure; *np*, nageoire postérieure; *nc*, nageoire caudale.

Cette *Sagitta* est de forme générale très allongée, à peine plus large vers le milieu du corps; la région caudale est étroite, longuement acuminée, et atteint les 20-24/100 de la longueur totale du corps (fig. 3). D'après RITTER-ZÁHONY (**1911**, p. 8), le développement du segment caudal varie entre les 19/100 et les 25/100 de la longueur totale de l'animal.

Les nageoires antérieures sont assez longues et étroites; elles sont réunies, par une sorte de membrane étroite, aux nageoires postérieures, qui, plus longues que les antérieures, présentent leur maximum de largeur un peu au-dessus du septum. Elles n'atteignent pas les vésicules multifides. Ces dernières ne sont pas pleines dans les spécimens recueillis par le Dr J. LIOUVILLE; aussi ne font-elles que très médiocrement saillie en dehors.

Les ovaires, longs et étroits, atteignent 20 millimètres.

Le ganglion ventral est relativement énorme; chez les plus grands individus, il a jusqu'à $2^{mm},5$ de longueur. Il est situé dans le premier tiers antérieur du corps et se présente sous une forme rectangulaire allongée. On

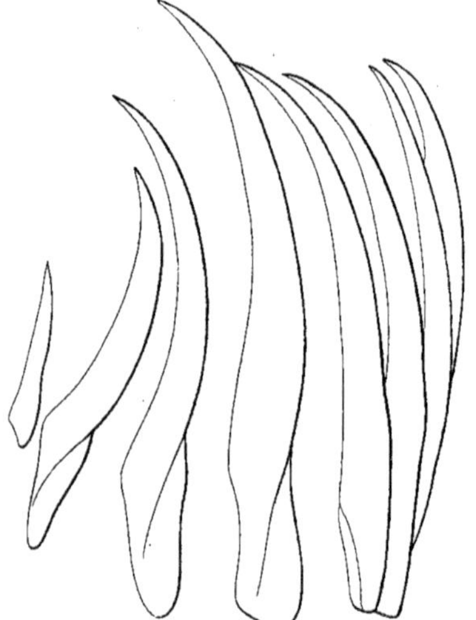

Fig. 4. — *Sagitta maxima* Conant. — Ensemble des crochets céphaliques. × 50. Antarctique; station 864.

Fig. 5. — *Sagitta maxima* Conant. — Un crochet céphalique isolé. × 100. Antarctique; station 864.

distingue très nettement les deux gros connectifs partant des deux angles antérieurs des ganglions et les deux nerfs génitaux qui, se détachant des angles inférieurs, se dirigent vers les ovaires.

Les crochets (fig. 4) sont en forme de lames minces, un peu grêles, fortement recourbés à leur extrémité libre. Leur nombre varie entre sept et onze suivant les individus. Si l'on isole un de ces crochets (fig. 5), on voit que sa base a une forme un peu spéciale, nettement différente de celle observée chez le *Sagitta hexaptera* d'Orbigny. Les crochets en voie de développement sont beaucoup moins recourbés : ils affectent la forme d'un triangle à base oblique et très étroite (fig. 6).

Les dents postérieures sont pointues, fortement serrées les unes contre les autres, et leur nombre varie entre six et huit. Les dents antérieures ont sensiblement la même forme, mais sont ordinairement un peu moins nombreuses, leur nombre n'oscillant qu'entre 5 et 7.

Fig. 6. — *Sagitta maxima* Conant. Un crochet céphalique en voie de développement. × 120. Antarctique; station 864.

Voici la formule de quelques-uns des exemplaires recueillis dans l'Antarctique par la mission française :

LONGUEUR totale du corps.	RAPPORT : $\frac{\text{Segment caudal.}}{\text{Longueur du corps.}}$	DIAMÈTRE maximum du corps.	NOMBRE de crochets.	NOMBRE de dents antérieures.	NOMBRE de dents postérieures.
64 millim.	$\frac{21}{100}$ à $\frac{24}{100}$	5 1/2 millim.	8	7	8
60 —	$\frac{22}{100}$	5 / 2 —	7	6	7
49 —	$\frac{21}{100}$	4 3/4 —	6 + 1 (1)	6	6
48 —	$\frac{20}{100}$ à $\frac{23}{100}$	5 —	6	5	6

(1) Les crochets ainsi indiqués sont ceux en voie de développement.

Comparons ces caractères avec ceux fournis par les auteurs qui ont observé cette espèce dans les mers froides. D'après FOWLER (**1905**, p. 73), les individus de petite taille répondent aux formules suivantes :

LONGUEUR TOTALE DU CORPS.	NOMBRE de crochets.	NOMBRE de dents antérieures.	NOMBRE de dents postérieures.
22 millim....................	10	5	5
20 —	8	5	3
12 —	9-11	3-4	2-3

RITTER-ZÁHONY (**1910**, p. 265) donne les formules suivantes pour les plus grands exemplaires provenant de la mer d'Irlande :

LONGUEUR TOTALE du corps.	RAPPORT : $\frac{\text{Segment caudal.}}{\text{Longueur du corps.}}$	NOMBRE de crochets.	NOMBRE de dents antérieures.	NOMBRE de dents postérieures.
49 millim.............	$\frac{22}{100}$	6-7	?	6
42 —	$\frac{21}{100}$ à $\frac{26}{100}$	7-8	5-6	5-6
34 —	$\frac{24}{100}$ à $\frac{26}{100}$	8-9	5-6	6-7
26 —	$\frac{25}{100}$ à $\frac{28}{100}$	9-10	5-6	5-7
11 —	$\frac{31}{100}$	10	3	1

Les individus de l'Atlantique Nord, au voisinage de la banquise, étudiés par le même auteur, lui ont fourni les données suivantes :

LONGUEUR TOTALE du corps.	RAPPORT : $\frac{\text{Segment caudal.}}{\text{Longueur du corps.}}$	NOMBRE de crochets.	NOMBRE de dents antérieures.	NOMBRE de dents postérieures.
78 millim.............	$\frac{19}{100}$	7	5	6-8
66 —	$\frac{23}{100}$	7-8	5	7-8
60 —	$\frac{22}{100}$ à $\frac{23}{100}$	6-7	5-6	5-6
50 —	$\frac{22}{100}$ à $\frac{24}{100}$	7-8	5-7	6-7
36 —	$\frac{24}{100}$	8-9	5	6

Il résulte de ces chiffres que le nombre des crochets est d'autant plus grand que l'animal est plus petit, c'est-à-dire moins avancé dans son développement. Ceux recueillis au cours de l'Expédition J. Charcot, qui sont de grande taille sans atteindre cependant l'amplitude de ceux étudiés par Ritter-Záhony, ont sept ou huit crochets. Par contre, le nombre des dents — tant antérieures que postérieures — semble suivre une marche inverse, et elles sont toujours plus nombreuses chez les formes adultes que chez les individus jeunes.

Le *Sagitta maxima* Conant atteint une taille d'autant plus grande qu'il vit dans des mers plus froides. Broch (1906) signale dans la mer du Nord, entre les 63° et 73° de latitude nord, des exemplaires mesurant 90 millimètres de longueur totale (1). D'ailleurs le gigantisme est très fréquent chez les animaux des mers froides, et il suffit de rappeler ici les cas bien connus des Némertes, des Annélides et des Tuniciers, qui, dans les mers antarctiques, atteignent des dimensions considérables. Il est donc tout naturel d'observer le même phénomène chez les Chétognathes.

Le *Sagitta maxima* Conant est une espèce qui vit en profondeur, à partir d'environ 200 mètres. Elle est presque cosmopolite. Abondante dans les mers arctiques, le point le plus nord où elle est actuellement connue est situé par 80° 17′,5 de latitude nord et 5° 40′ de longitude ouest (Expédition de la « Belgica »). Dans les mers antarctiques, l'expédition allemande du « Gauss » l'a recueillie en un grand nombre de stations à des profondeurs variant entre 400 et 3423 mètres.

(1) Broch est le seul auteur qui ait signalé des Chétognathes d'aussi grande taille. Dans sa dernière monographie, Ritter-Záhony (1911[a], p. 15) dit seulement que la longueur du *Sagitta maxima* Conant varie entre 70 et 80 millimètres. Depuis que ce travail est terminé, M. Le Danois a recueilli, près de l'île Jean Mayen (Campagne du « Pourquoi-Pas ? » de 1912), un magnifique exemplaire de *Sagitta maxima* Conant, atteignant 87 millimètres de longueur [Voir, à ce sujet, Germain (Louis), *Bulletin Muséum Hist. natur. Paris*, n° 2, février 1913].

INDEX BIBLIOGRAPHIQUE

1906. BROCH (H.). — Ueber die Chätognathen des Nordmeeres (*Nyst. Magazin for Naturvidenskaberne*, Christiana).

1905. FOWLER (G. HERBERT). — Biscayan Plankton collected during a cruise of H. M. S. « Research », 1900. II. The Chætognatha (*Transactions Linnean Society of London*, 2e série, X, part. II, janvier 1905, p. 57-87, Pl. IV-VII).

1906. FOWLER (G. HERBERT). — The Chætognatha of the « Siboga » expedition; with a discussion of the synonymy and distribution of the group (« *Siboga* » *Expeditie*, XXI, avril 1906, 86 p., 3 pl. et 6 cartes).

1907. FOWLER (G. HERBERT). — Chætognatha. *National Antarctic Expedition* 1901-1904. *Natural History*, vol. IV, 6 p., 1 carte).

1853. KROHN (A.). — Nachträgliche Bemerkungen über den Bau der Gattung Sagitta, etc. [*Archiv für Naturgeschichte*, XIX (1)].

1880. LANGERHANS (P.). — Die Wurmfauna von Madeira, III (*Zeitschrift für wissenschaftliche Zoologie*, XXXIV).

1875. MÖBIUS (K.). — Vermes. In : Die Expedition zur physikalisch-chemischen und biologischen Untersuchung der Nordsee im Sommer 1872 (*Wissensch. Meeresunters. Kiel*, II, p. 153-171, Taf. III. *Chætognatha*, p. 158-159, Taf. III, fig. 13 à 17).

1909. RITTER-ZÁHONY (RUDOLF VON). — Die Chætognathen der « Gazelle » Expedition (*Zoologischen Anzeiger*, XXXIV, p. 787-793, 1 fig. dans le texte).

1910. RITTER-ZÁHONY (RUDOLF VON). — Die Chætognathen (*Fauna arctica*, vol. V, p. 251-290, Taf. V).

1911. RITTER-ZÁHONY (RUDOLF VON). — Chætognathen (*Deutsche Südpolar-Expedition*, 1901-1903, vol. XIII, 72 p., 51 fig. dans le texte).

1911a. RITTER-ZÁHONY (RUDOLF VON). — Chætognathi (*Das Tierreich*, livr. XXIX, x-36 p., 16 fig. dans le texte).

1896. STEINHAUS (OTTO). — Die Verbreitung der Chætognathen im südatlantischen und indischen Ozean. Inaugural-Dissertation, Kiel, 49 p., 1 pl. et 2 cartes.

1900. STEINHAUS (OTTO). — Chætognathen (*Ergebn. d. Hamb. Magalhaens. Sammelreise*, III, Hambourg).

ROTIFÈRES

Par P. de BEAUCHAMP

PRÉPARATEUR A LA FACULTÉ DES SCIENCES DE PARIS

Les matériaux de la seconde expédition antarctique française qui m'ont été confiés pour l'étude des Rotifères se composaient, d'une part, d'échantillons fixés, sans précaution spéciale : n° 792, résidu d'un lavage de Mousses de l'île Jenny (30 janvier 1909), conservé dans l'alcool ; n° 510, dépôt d'une petite mare d'eau douce provenant de la fonte des neiges, îlots du sud de l'île Petermann (4 mars 1909), conservé dans le formol ; — d'autre part, d'échantillons secs où on pouvait espérer revivifier la faune habituelle de Rotifères anabiotiques, principalement Bdelloïdes : débris de Mousses (nos 1 à 22), reste des échantillons soumis à M. Cardot pour détermination et provenant tant de l'Antarctique même que de la Terre de Feu et de divers îlots ; autre lot de Mousses (n° 791) de l'île Petermann (février 1909), mis en flacon sur place et non touché depuis lors ; enfin échantillon du sol d'une rookerie de Pingouins à l'île Petermann (n° 789, février 1909), terre mélangée de nombreuses coquilles de Patelles.

Tous les échantillons secs ont été traités suivant la technique usuelle pour un tel examen, telle qu'elle a été énoncée notamment par Murray : les matériaux ont été placés dans un petit cristallisoir préalablement flambé ainsi que son couvercle, avec de l'eau bouillie, refroidie et soigneusement aérée en quantité nécessaire juste pour les couvrir. Au bout d'un jour ou deux, temps plus que suffisant (Jacobs a trouvé que le retour à la vie de *Philodina roseola* demande de cinq minutes à vingt-quatre heures), le tout était agité, l'eau versée et les débris exprimés dans un tamis de maille assez fine pour retenir tous les détritus de taille un peu notable, superposé à un filtre de soie fine telle qu'elle est employée pour les filets à plancton. Le résidu resté sur ce filtre était alors délayé par petites portions dans un verre de montre à fond plat et examiné soigneusement à l'aide d'un microscope binoculaire de Zeiss ou d'un microscope ordinaire avec objectif 2 et oculaire grand champ de Nachet.

Je dois dire immédiatement que, dans aucun cas, il ne m'a été possible d'obtenir la reviviscence du moindre animal, Rotifère ou autre, bien que j'aie constaté l'existence d'une faune assez riche dans un certain nombre de stations que je vais énumérer. Il est pourtant bien connu qu'on peut obtenir par ce procédé une connaissance très complète de la faune des Mousses, dont la plupart des espèces sont indéterminables à l'état fixé. Sans citer les innombrables travaux faits de cette façon depuis Ehrenberg (en France notamment ceux de Certes), rappelons les plus récents, ceux de Murray, qui a fait connaître dans les dernières années un nombre considérable de formes nouvelles rapportées à l'état sec de tous les points du globe, et revivifié en Angleterre les matériaux réunis par lui-même au cours de l'expédition Shackleton et dont nous parlerons tout à l'heure.

J'ai cherché d'abord les causes de mon insuccès dans mon mode d'opérer : de crainte que l'eau bouillie que j'employais pour éviter l'introduction d'animaux indigènes ne fût, bien que soigneusement aérée, défavorable, j'ai fait quelques essais de contrôle à l'eau de conduite non bouillie qui n'ont rien fourni du tout. D'autre part, dans l'espoir de réussir au moins à faire éclore des œufs de résistance, plus robustes que les adultes enkystés, j'ai laissé les détritus où j'avais constaté la présence d'individus morts macérer dans l'eau pendant plusieurs semaines, puis j'ai recommencé l'opération du tamisage, sans plus de succès. Il est donc vraisemblable que les matériaux remis entre mes mains avaient malheureusement subi quelque influence défavorable au cours du retour, température trop élevée accompagnée d'humidité sous les Tropiques, exhalaisons de réactifs, etc., qui les avaient stérilisés.

Quoi qu'il en soit, voici les stations où il m'a été donné de constater la présence dans les débris de Mousses secs de Rotifères Bdelloïdes con-

(1) Que les chances de contamination ne sont pratiquement pas énormes, c'est ce que prouve le fait que je n'ai rien eu de vivant dans les matériaux soumis à de nombreuses manipulations et à l'examen d'un bryologiste, chez lequel l'introduction accidentelle de Rotifères d'autre provenance plus frais que ceux de l'Antarctique était à redouter.

tractés et morts ; je recopie textuellement les indications de provenance fournies par M. Gain :

4 Ilôt Goudier, port Lockroy (île Wiencke), 28 déc. 08.
8 Ile Berthelot, 6 janv. 09.
9 Ile Petermann, 10 janv. 09 (*très nombreux*).
11 Ile Jenny (baie Marguerite), 15 janv. 09.
12 Ile Léonie (baie Marguerite), 17 janv. 09.
13 Petite île (baie Marguerite), 24 janv. 09.
16 Iles Argentines (quelques milles au S. de l'île Petermann), 8 févr. 09.
19 Ile Petermann, 14 mars 09 (*nombreux*).

Dans ces matériaux ils étaient accompagnés, en général, d'autres organismes faisant partie de la même faune : Rhizopodes testacés, Nématodes, Tardigrades, Acariens. Les stations suivantes m'ont offert des animaux d'un de ces groupes sans que j'aie noté la présence de Rotifères, ce qui est sans doute tout à fait contingent :

3 Baie Edwards (Terre de Feu), 18 déc. 08.
7 Ile Booth-Wandel, 3 janv. 09.
14-15 Ile Jenny, 30 janv. 09.
20 Cap Rasmussen (Terre de Graham), près l'île Petermann, 10 mars 09.
21 Admiralty Bay (île du Roi-George, Shetland du Sud), 25 déc. 09..

Les autres ne renfermaient aucun organisme que j'aie pu apercevoir :

1-2 Punta-Arenas, première quinzaine de déc. 08.
5-6 Ile Booth-Wandel, 30 déc. 08.
10 Cap Tuxen (Terre de Graham), 8 janv. 09.
17 Cap des Trois-Pérez (Terre de Graham), 6 mars 09.
18 Sommet du Tranchant (500 m. (Terre de Graham en face l'île Petermann), 8 mars 09.
22 Ile Déception (Shetland du Sud), 28 déc. 09.

La même chose est vraie de l'échantillon en flacon 791 (Mousses de l'île Petermann) et de la terre de rookerie nº 789.

Des deux échantillons en liquide, le nº 510 ne renfermait que des débris amorphes. Le 792, au contraire (Mousses de l'île Jenny), fixé dans l'alcool, renfermait une faune riche et intéressante d'organismes variés, bien que l'échantillon sec de même origine (11) ne renfermât presque rien.

En sus des nombreux Tardigrades et Rhizopodes, j'y ai trouvé les Rotifères suivants :

Ploïmes : *Notommata torulosa* (Dujardin), trois exemplaires.
Colurus caudatus Ehrenberg, assez nombreux.
Bdelloïdes : très nombreux individus contractés et indéterminables.

Je vais donner quelques remarques au sujet de ces différentes formes.

Notommata torulosa (Dujardin).

? *Cystophthalmus Ehrenbergii* Corda 1834.
Lindia torulosa Dujardin 1841, Cohn 1858, Plate 1886.
Notommata roseola Perty 1852.
— *tardigrada* Leydig 1854.
— *torulosa* Hudson 1889.
— *vorax* Stokes 1897.
Notommate à oreillettes, Jammes 1904 (nec *Notommata aurita* [Müller]!).

Je ne donnerai point ici une description complète de cette espèce, bien connue et caractérisée à l'état vivant par sa forme allongée, linéaire, les anneaux réguliers, en longue-vue, de son tégument, qui rappellent presque un Bdelloïde, son appareil rétro-cérébral en bourse opaque à l'extrémité d'un long cerveau, ses orteils petits, tout à fait cylindriques, puis brusquement acuminés, ses oreillettes rondes à long pédoncule, qu'on ne voit pas souvent dévaginées et qui ont été figurées en premier par Cohn. C'est probablement leur taille qui a incité Jammes à intituler « Notommate à oreillettes » comme s'il s'agissait de la *Notommata aurita* de Müller, forme toute différente, la figure (originale?) qu'il en donne dans sa *Zoologie pratique*. Les trois exemplaires que j'ai rencontrés dans le lavage de Mousses de l'île Jenny étaient, bien entendu, en mauvais état du fait de la fixation dans l'alcool, moins cependant qu'on aurait pu le craindre : ils étaient sensiblement étalés et, si les plis caractéristiques étaient à peu près effacés, du moins pouvait-on reconnaître une partie de la ciliation, l'œil et l'appareil rétro-cérébral, etc. La forme tout à fait spéciale des orteils m'ayant fait soupçonner son identité, j'entrepris de l'établir par l'étude du mastax, qui n'a été figuré que fort sommairement par Dujardin, Leydig et Cohn, en le comparant avec celui d'animaux en préparation qui provenaient des environs de Paris et des environs de Bourg (Ain). Cette comparaison confirma mon idée première et me permit en même temps de constater les caractères très spéciaux de ce mastax que je vais décrire. J'ajouterai, pour confirmer ce que nous savons du cosmopolitisme absolu des Rotifères et de l'absence de toute variation géographique, que les individus de France et ceux de l'Antarctique coïncidaient dans les moindres détails de ces pièces assez compliquées, et que la taille était identique.

Un individu, provenant de Nuits-Saint-Georges (Côte-d'Or), trouvé parmi des matériaux envoyés par M. J. Derône et sur lequel j'ai pu étudier le fonctionnement du mastax à l'état vivant, était par contre un peu plus petit dans son ensemble comme dans ses pièces dures.

Le mastax de *N. torulosa* (fig. 1) appartient au type virgé comme celui de la plupart des espèces de ce genre, de toutes sans doute si on lui donnait son extension naturelle, avec une légère tendance vers le type forcipé comme dans beaucoup d'entre elles. Le fulcrum (*f*) forme une lame trapézoïdale, allongée verticalement, non incurvée en sabre ni dilatée à l'extrémité inférieure, comme dans le virgé typique, nous allons voir pourquoi ; les rami (*r*), pourvus d'une petite alula bien développée, se recourbent en lyre dans le plan frontal, puis se coudent brusquement en arrière pour supporter les unci (*u*) ; ceux-ci, assez larges et lamelleux, ont des dents fort peu marquées. Les manubria (*m*) sont surtout remarquables par le grand développement de l'aile antérieure qui s'effile en un crochet recourbé vers le bas, pas beaucoup moins grand que la tige principale. Rien de tout cela ne serait bien particulier. Mais, quand on examine les trophi complètement isolés par l'hypochlorite, on aperçoit, superposés aux mallei, deux pièces (*ep*, grisées sur la figure 1) qui semblent

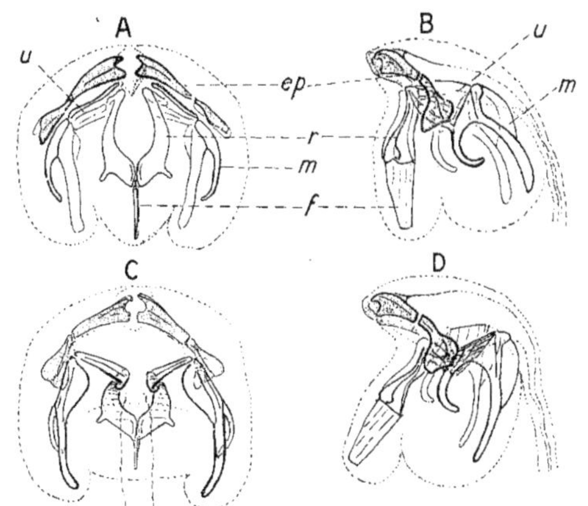

Fig. 1. — Mastax de *Notommata torulosa* (Dujardin) × 1130 environ. A, vue antérieure ; B, vue latérale gauche, au repos ; C, vue postérieure ; D, vue latérale gauche, pendant le mouvement de succion ; *f*, fulcrum ; *r*, ramus ; *u*, uncus ; *m*, manubrium ; *ep*, épipharynx ou pseudomalleus.

répéter leur structure et présenter chacune un uncus placé plus en avant que l'autre et venant faire pince à la bouche avec son symétrique et un manubrium à subdivision peu nette orienté plus horizontalement que le véritable. On pourrait donc se croire en présence d'un mastax présentant deux paires de mallei, phénomène unique parmi les Rotifères qui modifierait sans doute certaines des vues que j'ai émises en 1909 sur la constitution de l'organe, l'origine et les homologies de ses pièces. En réalité, la nature de cette formation est toute différente, et j'ai pu la rattacher à ma conception et m'assurer de son rôle physiologique.

J'ai décrit, dans la plupart des types de mastax virgé, une formation impaire, dorsale, que j'ai qualifiée d'épipharynx ; elle complète en haut l'armature du mastax et ferme le corps de pompe dont les pièces ordinaires forment les parois latérales et où joue le plancher buccal transformé en piston, pour opérer la succion des proies qui est la fonction caractéristique du mastax virgé. Elle est de forme très variable, parfois fort différenciée ; le plus souvent des pièces similaires existent autour de la bouche dont elles soutiennent les parois, formant pince ou canule pendant l'aspiration, et peuvent se continuer avec elle, faisant partie comme elle (et comme les trophi proprement dits d'ailleurs) du revêtement cuticulaire continu de la bouche et du pharynx. *Or les pseudomallei de* « N. torulosa » *ne sont pas autre chose qu'un épipharynx pair* dont chaque moitié est divisée en deux parties, l'une flanquant et surmontant la bouche, où elle forme pince par son bord interne échancré, l'autre plafonnant latéralement au-dessus des trophi proprement dits. Ceci est visible à première vue sur le mastax entier de l'animal vivant, surtout au cours des mouvements dont nous allons parler. Je n'ai pu faire de coupes pour le contrôler, mais c'était inutile : sur la coupe schématique de mastax que j'ai figurée en 1909 (p. 262), on remarque que toutes les pièces dures normales sont situées au plancher de sa lumière, la voûte étant indifférenciée ; il en est ainsi dans le mastax malléé, pris comme type moyen ; mais, dans le cas actuel et dans les similaires, c'est précisément aux dépens de cette voûte que se différencient les pièces en question, ce qui explique leur superposition aux mallei.

La cause de ces particularités est dans le fonctionnement, assez différent de celui du virgé normal. En effet, dans ce dernier, les unci, comme presque toutes les pièces, restent pendant la succion immobiles ou à peu près, ne servant qu'à soutenir les parois du corps de pompe dont la cavité se trouve en dessous d'eux. Dans le nôtre, au contraire, le plancher buccal est peu différencié, et ce sont les unci qui, en s'abaissant, jouent le rôle de piston et créent une cavité comprise entre eux et l'épipharynx. Leur mouvement (fig. 1, C et D) est une flexion sur le manubrium, analogue à celle qui se produit pour le broyage des aliments dans le mastax malléé ou ramé, mais sans affrontement, de sorte qu'ils s'écartent au lieu de s'accoler. Il est accompagné, comme toujours, d'une bascule de l'ensemble autour d'un axe transversal qui projette le fulcrum en haut et en avant et contribue à agrandir la cavité, puisqu'il s'effectue en dessous des pièces épipharyngiennes restant immobiles. La flexion est due évidemment à la partie externe des muscles que j'ai qualifiés d'abducteurs verticaux, qui prend appui sur l'extrémité inférieure du manubrium ; ceci explique le grand développement de ces organes (qui contribuent en même temps à soutenir les parois latérales du corps de pompe). Par contre, le fulcrum raccourci n'a point l'élargissement terminal usuel dans le mastax virgé pour donner insertion au puissant dépresseur du plancher non développé ici ; sa forme est plutôt celle du mastax forcipé, car il ne supporte que des muscles abducteurs des rami en rapport avec leur léger mouvement de préhension. Tout ceci montre une fois de plus la plasticité merveilleuse du mastax et l'étroite corrélation de toutes ses parties liée à leur fonction.

Parmi les auteurs anciens qui ont figuré ce mastax, Leydig n'en a donné qu'une vue de profil insignifiante. Dujardin a déjà aperçu l'épipharynx se projetant comme une voûte au-dessus des trophi vus de face ; Cohn donne un dessin fort simplifié de trois pièces élargies et bifides dans leur partie supérieure, la médiane étant l'incus, les deux autres les manubria et probablement les pseudo-manubria superposés à eux. A ce propos, on peut faire remarquer que Corda avait décrit dès 1834, sous le nom de *Cystophthalmus Ehrenbergii*, un Rotifère à aspect de chenille dont le mastax renfermerait quatre (?) paires de trophi en pince. Or sa figure, où il n'en indique d'ailleurs que trois, a une grande analogie, quoique encore plus schématique, avec celle de COHN, et il est assez vraisemblable que cet animal, jamais revu depuis, est le nôtre. La chose n'est pas d'ailleurs assez sûre (la structure de l'œil, notamment, qu'il figure enfermé dans une vésicule, peut être l'appareil rétro-cérébral, est assez difficile à comprendre), pour qu'on reprenne son nom, qui aurait en ce cas la priorité sur celui de DUJARDIN.

Notommata torulosa méritera sans doute, lors d'une revision du grand genre *Notommata*, encore à l'état chaotique, de former une coupure générique ou sous-générique spéciale pour laquelle il faudra, d'ailleurs, reprendre le nom de *Lindia* que lui avait donné DUJARDIN. J'estime pour le moment qu'il n'y a pas avantage à le faire sans reviser l'ensemble du groupe. Cette espèce, sans être banale, n'est point très rare ; je l'ai trouvée comme on l'a vu en divers points de France. Elle est connue depuis longtemps d'Allemagne et des États-Unis. Elle ne semble point, par contre, avoir été déjà signalée dans aucune des trois pointes continentales de l'hémisphère Sud.

Colurella amblytela (Gosse).

Monura colurus Ehrenberg 1830, 1838 (*nec* 1829 !), Gosse 1886.
Colurus amblytelus Gosse 1886.
Colurus grallator Gosse 1887.
Monura loncherês Gosse 1887.
Colurus rotundatus Daday 1889.
Colurus truncatus Daday 1889.
Colurella amblytelus von Hofsten 1909, 1912.
Colurella colura Dieffenbach 1912.

Je ne donne ici que l'essentiel de la synonymie de cette espèce, qui a porté jusqu'à quatre noms différents dans un même ouvrage ; on la trouvera détaillée avec les raisons à l'appui dans les deux travaux de VON HOFSTEN qui l'a établie. Je ne veux point affirmer d'ailleurs que, parmi toutes les formes figurées et décrites par les observateurs précédents que cet auteur a réunies sous ce nom, il n'y en eût aucune qui fût en réalité quelque chose d'autre ; mais il est certain que leurs différences peuvent s'expliquer par un état de contraction variable et des négligences de reproduction. La systématique des petites formes de ce genre était, avant VON HOFSTEN, dans un chaos qu'il a eu le mérite de commencer à débrouiller, et j'espère qu'un matériel abondant lui permettra d'y apporter la clarté définitive par la revision complète du groupe. J'accepte aussi, comme DIEFFENBACH l'a fait dans la *Süsswasserfauna Deutschland's*, la substitution opérée par lui du nom générique de BORY DE SAINT-VINCENT à celui plus récent d'EHRENBERG que l'usage avait paru consacrer. On trouvera également dans son travail la répartition de l'espèce, bien connue dans toute l'Europe et l'Amérique du Nord, et dont l'ubiquité est favorisée par ce fait qu'elle habite indifféremment l'eau douce et l'eau salée. Je donne ci-contre une figure d'un des individus assez nombreux trouvés dans les Mousses de l'île Petermann.

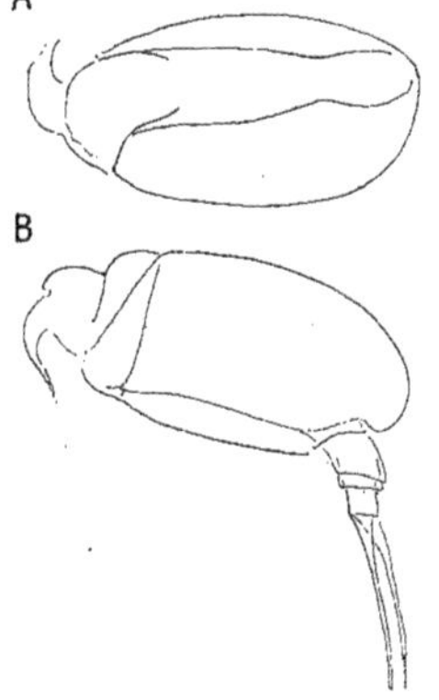

Fig. 2. — *Colurella amblytelas* Gosse, individu de l'île Petermann. A, face ventrale de la lorica ; B, l'animal entier vu de profil.

Bdelloïdes indéterminés et leurs kystes. — Comme je l'ai dit, l'échantillon 792 renfermait, ainsi que plusieurs autres, de nombreux individus de Bdelloïdes tous indéterminables à l'état fixé, soit contractés entièrement en boule, soit avec le pied plus ou moins complètement étendu. Il n'est pas douteux qu'il n'y eût plusieurs espèces, mais la plus commune paraissait avoir un pied dépourvu d'orteils et rentrer par conséquent dans le genre *Mniobia*, institué par Bryce dans sa récente revision des Bdelloïdes (1910) pour la section de l'ancien genre *Callidina* présentant ce caractère. Elle présentait deux dents de chaque côté à l'uncus. En outre des individus à nu, certains se montraient entourés d'une enveloppe tantôt lisse, tantôt et plus souvent plissée de façon variable, mais parfois très régulière, effet contingent de la fixation à coup sûr. MURRAY en a figuré dans ses notes sur les Rotifères d'Australie et du Canada (*Journ. R. microsc. Soc.*, 1911) de semblables comme des œufs ; je serais plutôt disposé à croire, en comparant leur taille à celle des individus libres, qu'il s'agit de kystes formés par l'animal adulte suivant le mode décrit par JANSON et provenant de parties déjà desséchées des Mousses.

En ce qui concerne les Rotifères de l'Antarctique en général, je ne saurais mieux faire que de résumer les conclusions de l'excellent travail de MURRAY, le seul que nous ayons sur la région (à part une petite note de RICHTERS qui n'identifie, et avec doute, qu'un œuf de Callidine), et auquel les matériaux à ma disposition ne m'ont malheureusement pas permis d'apporter un complément important. Le nombre des espèces connues avec certitude, étant de 14 d'après lui, monte à 16 par le travail présent ; 12 d'entre elles sont des Bdelloïdes, dont la prédominance s'explique facilement par leur résistance toute particulière à l'état non seulement d'œuf de durée, mais d'adulte en vie ralentie, à toutes les conditions mauvaises. Une fois desséchés, ils peuvent supporter, comme il est bien connu depuis longtemps, des écarts considérables de température : dans une série d'expériences, qui ne sont point d'ailleurs toutes publiées, sur son matériel, en particulier *Philodina gregaria* et *Adineta grandis*, MURRAY les a vus résister quelques minutes à + 100° C. et quelques heures à — 78° C., ainsi qu'au contact de l'eau de mer. Un dégel de quelques jours au bout de plusieurs années leur suffit pour revivre et pulluler avec une rapidité incroyable : *Philodina gregaria* forme sur les bords de petits lacs près du cap Royd et du détroit de Mac-Murdo des taches rouges atteignant une vingtaine de centimètres de diamètre !

C'est parmi ces Bdelloïdes seuls qu'ont été trouvées des espèces nouvelles et propres jusqu'ici à l'Antarctique, au nombre de 5 ; elles rentrent d'ailleurs dans des genres connus et ne se distinguent par aucune particularité morphologique ou biologique commune ni spéciale. On peut cependant remarquer que les espèces vivipares sont les plus nombreuses et les plus répandues (à rapprocher peut-être des nombreuses formes incubatrices connues parmi les Invertébrés marins de l'Antarctique). Mais on sait que la viviparité est commune parmi les Bdelloïdes de toutes les régions. L'étude de la répartition hors de l'Antarctique des espèces déjà connues dont MURRAY fournit un tableau ne l'a mené, ainsi qu'on pouvait s'y attendre, à aucune conclusion zoogéographique nette : on les trouve presque partout et elles ne paraissent probablement manquer sur un continent que faute d'exploration suffisante. Ce que je viens de dire de mes deux espèces confirme amplement ces constatations. Il est curieux de noter que MURRAY considère l'*Hydatina senta* qu'il a trouvée auprès d'un ancien campement de l'expédition Scott comme peut-être importée par celle-ci.

On peut donc, d'après lui, supposer à une partie de cette faune une origine assez ancienne, car les espèces propres présentent assez de particularités pour n'avoir pu être séparées de leurs voisines que par une longue ségrégation ; on ignore tout à fait si à une époque quelconque il a pu y avoir une extension des glaces suffisante pour empêcher totalement leur existence dans les conditions si médiocres qui leur suffisent (il est possible, il est vrai, qu'elles aient leur origine dans des terres un peu plus septentrionales et soient retrouvées ultérieurement dans des conditions moins arctiques). Mais, d'autre part, le peuplement d'île en île par le vent, quoique contrarié par le fait que celui-ci souffle le plus souvent du Sud, n'a rien d'invraisemblable et explique l'introduction des espèces connues sur toute la terre et dans lesquelles rentrent les deux formes signalées ici.

INDEX BIBLIOGRAPHIQUE

1909. Beauchamp (P. Marais de). — Recherches sur les Rotifères : Les formations tégumentaires et l'appareil digestif (*Arch. Zool. expérim.* [4], X, p. 1-410, Pl. I-IX).

1910. Bryce (D.). — On a new classification of the Bdelloid Rotifera (*Journ. Quekett microsc. Cl.* [2], X, p. 61-92, Pl. II).

1858. Cohn (F.). — Bemerkungen über Räderliere (*Zeitschr. wiss. Zool.*, IX, p. 284-294, Pl. XIII).

1834. Corda (A. J. C.). — *Cystophthalmus*, eine neue Räderliergattung (*Beitr. zur ges. Natur-. und Heilk.* [Weitenweber], I, p. 178).

1841. Dujardin (M. F.). — Histoire naturelle des Zoophytes. Infusoires (*Suites à Buffon*, Paris, 1 vol. in-8°).

1838. Ehrenberg. — Die Infusionsthierchen as volkommene Organismen, Leipzig, 1 vol. in-fol.

1909. Hofsten (N. von). — Rotatorien aus dem Mästermyr (Gottland) und einigen andern schwedischen Binnengewässern (*Arkiv. for Zool.*, VI, p. 1-125).

1912. Hofsten (N. von). — Marine, litorale Rotatorien der skandinavischen Westküste (*Zool. Beitr. Uppsala*, I, p. 163-228).

1909. Jacobs (H. M.). — The effect of desiccation on the Rotifer *Philodina roseola* (*Journ. exper. Zool.*, VI, p. 207-263).

1893. Janson (O.) — Versuch einer Uebersicht über die Rotatorienfamilie der Philodinæen (*Abhandl. naturw. Ver. Bremen*, Beilage zum XX. Bd, 81 p., 5 Pl.).

1886-1889. — Hudson (C. T.) et Gosse (P. H.). — The Rotifera, or Wheel animalcules, 2 vol. in-4, et Suppl., London.

1904. Jammes (L.). — Zoologie pratique, 1 vol. in-4, Paris.

1854. Leydig (Fr.). — Ueber die Bau und die systematische Stellung der Rädertiere (*Zeitschr. wiss. Zool.*, VI, p. 1-120, Pl. I-IV).

1910. Murray (James). — Antarctic Rotifera (*Rep. British. Ant. Exped.* 1907-1909, I, p. 41-65, Pl. IX-XIII).

1886. Plate (L.). — Beiträge zur Naturgeschichte der Rotatorien (*Jenaische Zeitschr. f. Naturwiss.*, XIX, p. 1-120, Pl. I-III).

1903. Richters (F.). — Fauna der Moosrasen des Gaussbergs und einiger südlicher Inseln (*Deutsche Südpol. Exped.*, IX, Zool., p. 261).

DEUXIÈME EXPÉDITION ANTARCTIQUE FRANÇAISE
(1908-1910)

Fascicules publiés

CARTES .... Onze cartes en couleurs dressées par M. Bongrain et R.-E. Godfroy, pliées et réunies .... **24 fr.**

RHIZOPODES D'EAU DOUCE, par E. Pénard.
1 fascicule de 46 pages .... **2 fr.**

ÉCHINODERMES ... ***Astéries, Ophiures et Échinides***, par R. Koehler.
1 fascicule de 270 pages (16 planches doubles) .. **24 fr.**

VERS .... ***Polyclades et Triclades maricoles***, par P. Hallez ; ***Ptérobranches***, par Ch. Gravier ; ***Chétognathes***, par L. Germain ; ***Rotifères***, par P. de Beauchamp.
1 fascicule de 116 pages (6 planches) .... **16 fr.**

Annélides Polychètes, par Ch. Gravier.
1 fascicule de 165 pages (12 planches) .... **24 fr.**

CRUSTACÉS .... ***Crustacés Isopodes***, par H. Richardson ; ***Crustacés parasites***, par Ch. Gravier ; ***Amphipodes***, par Ed. Chevreux ; ***Mallophaga et Ixodidae***, par L.-G. Neumann ; ***Collemboles***, par [illegible].
1 fascicule de 204 pages .... **16 fr.**

PYCNOGONIDES ... Par E.-L. Bouvier ; ***Ostracodes marins***, par E. Daday de Deés ; ***Phyllopodes anostracés***, par E. Daday de Deés ; ***Infusoires nouveaux***, par E. Daday de Deés ; ***Copépodes parasites***, par A. Quidor ; ***Diptères***, par Keilin.
1 fascicule de 232 pages avec fig. (6 planches) .. **18 fr.**

MOLLUSQUES .... ***Gastropodes prosobranches, Scaphopodes et Pélécypodes***, par Ed. Lamy ; ***Amphineures***, par Joh. Thiele.
1 fascicule de 84 pages (1 planche) .... **4 fr.**

POISSONS .... Par L. Roule, avec la collaboration de MM. Angel et R. Despax.
1 fascicule de 34 pages (4 planches en noir et en couleurs) .... **8 fr.**

BOTANIQUE .... ***Flore algologique antarctique et subantarctique***, par L. Gain.
1 fascicule de 218 pages (8 planches) .... **24 fr.**

Révision des Mélobésiées antarctiques, par Mme Paul Lemoine.
1 fascicule de 79 pages (2 planches) .... **7 fr.**

OBSERVATIONS MÉTÉOROLOGIQUES, par J. Rouch.
1 fascicule de 260 pages (16 planches) .... **32 fr.**

ÉTUDE SUR LES MARÉES, par R.-E. Godfroy.
1 fascicule de 74 pages (11 planches) .... **16 fr.**

OBSERVATIONS D'ÉLECTRICITÉ ATMOSPHÉRIQUE, par J. Rouch.
1 fascicule de 40 pages (7 planches) .... **9 fr.**

OCÉANOGRAPHIE PHYSIQUE, par J. Rouch.
1 fascicule de 40 pages (2 planches) .... **3 fr.**

EAUX MÉTÉORIQUES, SOL ET ATMOSPHÈRE, par A. Müntz et E. Lainé.
1 fascicule de 41 pages avec figures .... **6 fr.**

[illegible] — Corbeil. Imprimerie Crété

www.ingramcontent.com/pod-product-compliance
Ingram Content Group UK Ltd.
Pitfield, Milton Keynes, MK11 3LW, UK
UKHW020149200726
13856UKWH00003B/918

9 782011 929396